KB039819

부드럽고
솔직한
리더의
대화법

부드럽고 솔직한 리더의 대화법

초판 1쇄 인쇄	2023년 8월 16일
초판 1쇄 발행	2023년 8월 23일
지은이	김선영
편집	송준기
마케팅 총괄	임동건
마케팅 지원	안보라
경영 지원	이순미
펴낸이	최익성
펴낸 곳	파지트
디자인	페이퍼컷 장상호
출판 등록	제2021-000049호
제작 지원	플랜비디자인
주소	경기도 화성시 동탄원천로 354-28
전화	070-7672-1001
팩스	02-2179-8994
이메일	pazit.book@gmail.com

ISBN 979-11-92381-73-2 03320

Workplace Languages

부드럽고
솔직한
리더의
대화법

김선영 지음

pazit

저는 지금은 사라진 워크맨(Walkman)으로 노래를 듣고, PC통신으로 인터넷을 시작했습니다. 삐삐, PCS, 스마트폰을 모두 경험하였습니다. 그리고 '알 수 없다' 또는 '정의할 수 없다'는 의미에서 X세대라 불렸습니다.

학창 시절 해외여행이 자유화되면서 배낭을 둘러메고 여행이나 어학연수를 떠나는 친구들을 옆에서 지켜봤고 이러한 풍요는 지속될 것만 같았습니다. 경제우등생이던 대한민국이 국제통화기금(IMF)에 구제 금융을 신청하며 사실상 부도가 나기 전까지는 멋진 사회인이 될 생각에 부풀어 있었습니다.

요즘 청년들이 겪고 있는 취업절벽을 X세대는 먼저 경험했습니다. 대학을 졸업한 즈음, 모든 기업의 채용공고가 자취를 감춰버렸고 취업난에 내몰린 친구들은 하나둘 보따리를 싸 들고 노량진 고시촌으로 들어가거나, 고용의 지속성을 보장받지 못하는 비정규직으로 불안한 사회생활을 시작했습니다. 저는 위기가 지나면 곧 기회가 올 것이라는 자기최면을 걸며 대학원 진학을 택했습니다. 하지만 사실은 선택의 여지가 없었습니다. 대학원 진학을 통해 재학 기간을 연장해야만 백수 신세를 면할 수 있었기에 궁여지책으로 한 선택이었습니다. 진학 후 등록금을 벌기 위해 휴학하고 언론사 계약직으로 사회생활을 시작합니다. 이즈음 한국은 미국 버금가는 세계 최고 수준의 벤처 생태계가 형성됩니다. 당시 인터넷 혁명은 전 세계적인 IT붐을 일으켜 나스닥의 급등으로 이어졌고, 우리나라도 코스닥이 급등하며 벤처붐이 일어납니다. 벤처붐을 타고 IT업계로 자리를 옮기며 스톡옵션으로 부자가 될 지도 모른다는 꿈을 꾸기도 했습니다. 그러나 무책임한 한탕벌이 경영진이 범람하던 그 시절, 이직한 벤처기업의 CEO와 주주 간의 세력다툼으로 부자의 꿈은 한바탕 소동으로 마무리됩니다.

불행 중 다행으로 제가 고군분투하고 있던 그때, 정부의 압박과 경제회복에 힘입어 기업들이 하나둘 청년 채용을 다시 시작하였고 그렇게 저는 자동차 제조기업에 안착하며 본격적인 사회생활을 시작하였습니다.

늦게 자리를 잡은 만큼 더 빨리 적응하고 싶었습니다. 주 5일 근무제 시행 전이라 토요일 오전에도 근무하던 그 시절, 업무를 좀 더 빨리 배우기 위해 토요일 오후를 자진 반납했습니다. 물론 평일의 야근은 너무나도 당연했습니다. 남들보다 빨리 적응하고, 빨리 인정받고 싶었습니다. 누구보다 필요한 사람이 되고 싶었습니다.

저는 일명 SSKK[1] 문화였던 조직에서 근무했습니다. 선배와 상사의 말에 '토'를 달지 않는 것이 국룰[2]이었습니다. 지시가 내려오면 큰 목소리로 "예"라고 짧고 굵게 답한 후 경쟁자인 동기들보다 더 빨리 더 나은 결과를 보고했습니다. 그렇게 조직에 적응하였고, 그렇게 인정받았습니다. 그리고 선배들처럼 자연스럽게 조직의 리더가 되었습니다.

리더의 역할도 더 빨리, 더 잘 해낼 수 있을 거라 생각했습니다. 그러나 그 착각은 그리 오래가지 못했습니다. 상사의 말에 "예"라고 말하며, 개떡 같이 말해도 찰떡 같이 알아듣는 후배는 더 이상 존재하지 않았습니다. 상명하달식 지시에 거북한 눈빛을 보낼 뿐이었습니다. 미처 깨닫지 못하는 사이 X세대인 '나'와는 다른 특성

---

1 SSKK: '시키면(S) 시키는(S)대로 하고, 까라면(K) 깐다(K)'를 압축한 표현이다. 수직적이고 상명하달식 조직문화를 가진 기업의 특성을 표현할 때 주로 사용된다.
2 국룰: 모든 사람이 인정하는 일반 상식

을 가진 MZ세대가 조직의 팔로워가 되어 있었습니다.

이 책에는 X가 등장합니다. X세대인 저를 의미하기도 하지만 또 다른 의미가 담겨 있기도 합니다. X에는 건너다(cross) 또는 바꾸다(trans)의 의미가 내포되어 있습니다. 두 선이 교차하고 있는 문자의 시각적 형태가 그런 움직임을 보여 주기 때문입니다. 따라서 이 책에서 X는 Transformation(변혁)의 의미를 내포하고 있습니다. 즉 X란 리더십 트랜스포메이션(Leadership Transformation)이 필요한 이 시대 리더를 나타내는 말입니다.

베이비부머와 386세대에게 보고 경험한 대로 리더십을 발휘했던 저는 큰 시행착오를 겪습니다. 그리고 더 이상 보고 배운 리더십이 통하지 않는다는 것을 깨달았습니다.

이 책은 저와 같은 시행착오를 경험하고 있는 리더를 위해 쓰여졌습니다. 보고 배운 리더십이 제대로 작동하지 않는 것을 느낀 X라면, 제가 겪은 시행착오를 반면교사 삼아 어떻게 리더십을 발휘해야 하는지에 대한 구체적 해답을 이 책을 통해 찾게 될 것입니다. 덧붙여 차세대리더로 성장하고자 하는 M세대에게도 X세대를 이해하고, 그들의 시행착오를 통해, 같은 듯 다른 Z세대를 이끌기 위한 리더십 방향을 찾는 데 유용한 책이 될 것입니다.

저는 지금까지 보고 배운 리더십이 왜 제대로 작동하지 않는지에 대한 이유를 이 책을 통해 밝히고자 합니다. 또한 세대별 차이, 개인의 특성, 역량 수준 등에 따라 맞춤형 리더십을 발휘하는 것이 왜 필요한지, 리더십 발휘에 필요한 변화가 무엇인지에 대한 혜안을 제공하고자 합니다. 그리고 리더십을 발휘하는 과정에서 조직 구성원의 자발성과 실행력을 높이는 실제적인 방법은 무엇인지 그 해답을 제시하였습니다.

이 책은 챕터 순서대로 읽는 것을 권합니다. 수학 문제를 풀 때 공식을 외우면 응용 문제에도 대처할 수 있는 것처럼 이 책을 통해 리더십의 공식을 익혀 자신만의 리더십 해답을 찾게 되길 바랍니다. 리더십에는 정답이 없습니다. 그러나 챕터 순서대로 읽어가다 보면 리더십의 공식이 자연스럽게 파악하게 되고, 다양한 실전 사례에서 어떻게 응용해야 하는지 터득하게 됩니다.

이 책은 리더로 성장하길 간절히 원했던 저의 경험을 담은 리더십 성장 스토리입니다. 여기에 그치지 않고 선현들의 지혜를 엿볼 수 있는 명언과, 학자들의 연구 결과를 토대로 사람의 마음이 움직이는 근본적인 작동원리를 확인할 수 있도록 구성하였습니다.

이제 당신에게 바통을 넘깁니다. 이 책을 읽고 현장에 적용한 당신의 실패와 성공 경험을 공유해 주십시오. 우리의 날갯짓이 파장을 일으켜 대한민국의 일터에 변혁(Transformation)을 일으키길 기대합니다.

저자 김선영

4 일터에서의 실전 대화

1. 실전 상황, 이럴 때는 어떻게?

1

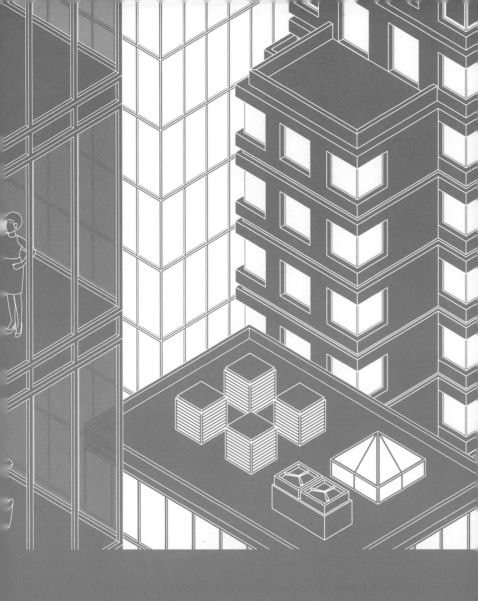

X의 좌절

1 X의 파멸, 내가 피더리구?

리더가 된 X

여기 자신의 리더십이 부족함을 깨달은 사람, X가 있습니다. X는 IMF 이후 사회생활을 시작하였고, 베이비부머 세대와 386세대에게 일을 배웠습니다. X는 수직적이고 경직된 조직문화에 익숙한 사람입니다. 그런 그가 어느 날 리더가 되었습니다. 보고 배운 대로 리더십을 발휘하면 된다고 생각하였으나 현실은 녹록치 않았습니다.

주니어 시절, X는 자신에게 주어진 업무를 제한된 기한에 높은 품질로 완성도 있는 성과를 보여주곤 하였습니다. X는 다른 사람보다 더 빨리, 더 퀄리티 높은 성과를 내는 것이 목표였습니다. 그래야 경쟁에서 살아남을 수 있었습니다. 그런 X가 급변하는 시대, 다양한 특성의 구성원을 이끌며 성과를 내야 하는 리더가 되었습니다. 혼자가 아닌 팀으로 일하고, 경쟁이 아닌 협업을 통해 성과를 내야 하는 리더의 역할이 X에게는 아직 낯설고 어색하기만 합니다.

탁월한 능력을 인정받으며 승승장구하던 X, 새로운 환경, 새로운 사람, 새로운 방식으로 일해야 하는 것이 녹록지만은 않습니다. 누군가는 빠르게 변화에 적응하며 자기 능력을 보여주지만, 누군가는 급작스러운 환경 변화에 당황하며 좌절하기도 합니다.

X가 갑자기 무능해진 이유

피터의 법칙(Peter Principal)[1]을 아십니까? 1969년 로렌스 피터 교수[2]는 수백 건에 달하는 기업 내부의 무능력 사례를 분석한 결과, 무능력한 직원이 발견되는 이유 중 하나는 무능력이 드러날 때까지 승진하기 때문이라는 것을 찾아냅니다. 이전 직급까지는 유능

1 피터의 법칙: 1969년 로렌스 피터 교수가 발표한 경영 이론이다. 이 이론에 따르면 승진은 승진 후보자의 승진 후 직책에 관련된 능력보다는 현재 직무 수행 능력에 근거하여 이루어진다. 따라서 승진자는 현재 직무 수행 능력을 더 이상 수행할 수 없는 직책까지 직위가 올라가게 되고, 결국 무능하게 된 상태로 고위직에 있게 된다.
2 로렌스 피터(Laurence J. Peter): 캐나다에서 태어나 워싱턴 주립대학교에서 교육학 박사학위를 취득했고 남부 캘리포니아 대학교와 콜롬비아 대학교에서 교수로 재직 중 1990년에 사망했다. 교육 분야에서 연구 실적을 인정받아 '파티 델타 카파 연구상(Phi Delta Kappa Research Award)'을 수상했으며 그의 이름은 『미국명사록(Who's Who in America)』《세계인명사전(Dictionary of International Biography)》《미국의 과학자(American Men of Science)》에 등재되어 있다. 교사, 카운슬러, 학교 심리학자, 컨설턴트, 대학 교수로서의 다양한 경험을 토대로 학술지에 30여 편의 논문을 발표했으며《규범교수법(Prescriptive Teaching)》등을 저술했다.

했지만, 승진한 후에 업무가 확대되고 새로운 책임이 늘어나면서 차츰 숨겨졌던 무능력함이 드러나게 되는 현상을 '피터의 법칙'이 라고 합니다.

리더가 되자, X에게는 기존보다 확대된 업무가 주어졌고, 지금 까지 해보지 않은 새로운 영역도 담당하게 됩니다. 여기에 후배들을 이끄는 책임까지 더해지자, X는 지금까지와는 다른 모습을 보이기 시작합니다. 주어진 일에 있어 뛰어난 전문성으로 인정받던 X, 그랬던 X가 리더가 되면서 새로운 환경에 적응하지 못하고 갑자기 무능력해진 것입니다. X는 자신이 '피터'가 되었다는 것을 깨달았습니다. 또한 X는 주변에 수많은 피터가 존재한다는 것도 알게 됩니다. 그리고 그들이 나름의 전략을 통해 생존해 가고 있다는 것에 위안을 받습니다. 그러나 언제까지 '피터'에만 머물 수는 없는 일, X는 다시 유능함을 회복하기 위해 주변의 피터들이 어떤 전략을 모색하는지 분석하였습니다.

피터들은 3가지 중 1가지 전략을 선택합니다. 첫 번째는 '도망치기' 전략입니다. 자신의 무능을 주변에서 알아채기 전에 스스로 포기하는 겁니다. X의 주변에도 '도망치기' 전략을 쓰는 리더가 있었습니다. 이들은 상사나 후배, 또는 조직문화를 탓하며 리더십을 펼치기에 주변 여건이 열악하다고 주장합니다. 그리고 리더 자리를 내놓고 팀원으로 돌아가거나 조직을 떠나기도 합니다. 두 번째는 '모르는 척하기' 전략입니다. 리더로서 역량이 부족함을 알지만 '나 몰라'라 하는 겁니다. X의 주변에도 이 전략을 쓰는 사람이 흔하게 목격되었습니다. 자신이 리더로서 역량이 부족하다는 것을 알지만, 모르는 척하며 가늘고 길게 수명을 연명하곤 합니다. 특히 이들은 리더로서 자신이 역할을 해야 하는 순간, 책임을 실무자에게 전가하며 조용히 '있는 듯 없는 듯' 지내곤 합니다. 마지막 전략은 '행동하기'입니다. 행동하기 전략을 쓰는 리더는 본인의 무능을 인정하고 부족한 리더십을 강화하기 위해 행동합니다. 팀원에서 리더로의 직책과 역할의 변화, 의견제시자에서 의사결정자로서의 책임의 변화 등을 받아들이고 유능한 리더로 거듭나기 위해 리더십 강화 훈련과 실천을 지속합니다.

만약, 당신이 X라면 어떤 선택을 하시겠습니까? X는 한때 '피터'였습니다. 리더로서 준비되어 있지 않던 시절, 숱한 좌절을 경험하였고 이를 극복하기 위해 X는 '행동하기' 전략을 선택합니다. 이 책은 행동하기 전략을 선택한 X의 성장기입니다.

구성원의 성장을 돕는 다양한 방법

한곳에 모여 함께 '트레이닝(Training)' 받는 것이 X에게는 너무나도 익숙한 풍경입니다. X는 공채로 입사했고, 동기들과 입문교육을 받은 후 소속팀에 배치되었습니다. 이후에도 업무 수행을 위해 필요한 역량이 있다면 집체 교육을 받곤 했습니다. 그리고 각자 맡은 직무에 대한 훈련은 선배로부터 OJT(On the Job Training)를 받아서 해결했습니다.

선배들은 자신들이 갖고 있는 '답'을 '티칭(Teaching)'이나 '멘토링(Mentoring)'을 통해 X에게 전수했습니다. 간혹, 자신들이 '답'을 제공할 수 없는 경우에는 '컨설팅(Consulting)'을 통해 외부의 도움을 받기도 했습니다.

X는 자신이 훈련받은 동일한 방식으로 후배들을 육성하면 된다

구분	트레이닝 Training	티칭 Teaching	멘토링 Mentoring	컨설팅 Consulting	코칭 Coaching
목적	이미 주어진 명확한 목표를 달성하기 위해 특정 분야의 요소 역량 배양을 할 때	부족한 지식이나 정보를 가르치고 습득하고자 할 때	특정 분야의 전문가를 모델링하고자 할 때	전문적 정보를 얻고 해결책을 받고자 할 때	자신의 잠재된 능력과 개성을 개발하고자 할 때
지원 방법	전문 트레이너에 의해 특정 행위를 반복하여 강화함	일방적으로 정보나 지식을 수여함	자신과 동일한 능력을 습득할 수 있도록 훈련시킴	해답을 제시함	동등한 파트너의 관계로 능동적인 소통을 통해 역량개발, 행동의 변화를 지원함

고 생각했습니다. 그러나 MZ세대는 획일적 방식의 트레이닝이나 일방적인 티칭 방식을 선호하지 않습니다. 선배가 자신의 개성을 존중하지 않거나, 일방적 모습을 보일 때 '꼰대'라는 표현으로 거부감을 나타내기도 합니다. X는 자신과 다른 후배들로 인해 리더십 발휘에 있어 고전을 하게 됩니다. 지금까지 보고 배운 리더십이 더 이상 유효하지 않은 X, 그에게는 어떤 리더십이 필요할까요?

X, 새로운 리더십을 만나다.

트레이닝, 티칭, 멘토링, 컨설팅이 의미 없다는 것이 아닙니다. 동등한 관계에서 자신의 관심사를 실현하려는 MZ세대에게는 파트너의 관점에서 그들이 가진 잠재능력과 행동 변화를 지원하는 리더십이 좀 더 적합합니다. 즉, X가 MZ세대를 육성하기 위해 전환해야 할 리더십 방향은 바로 부드럽고 솔직한 코치형 리더의 모습입니다.

구분	전통적 리더십	새로운 리더십
목표	조직의 성과 향상과 직원 육성	
방법	명령과 통제	합의
관점	수직적	수평적
관계	가부장적 관계	파트너의 관계
권한과 책임	리더	리더와 구성원

코치형 리더란 코칭 철학[3]과 코칭 프로세스, 코칭 스킬을 활용하여 조직의 성과 향상과 직원 육성이라는 리더십 목표를 달성하는 사람을 말합니다. 코치형 리더의 역할은 구성원이 목표를 명확히 할 수 있도록 하여 성과 창출을 돕는 데 있습니다. 이를 위해 부드럽고 솔직한 피드백을 제공하여 행동 개선의 기회를 제공해야 합니다. 개인의 강점과 약점에 대한 자기인식(Self-aware)을 지원하고, 좁은 시야에서 벗어나 큰 그림을 볼 수 있도록 이끌어야 합니다. 코칭리더십은 상호신뢰를 기반으로 목표 지향적 대화를 통해

---

3 코칭철학: 제1철학: 모든 사람에게는 무한한 가능성이 있다. 제2철학: 그 사람에게 필요한 해답은 모두 그 사람 내부에 있다. 제3철학: 해답을 찾기 위해서는 파트너가 필요하다.
출처: 에노모토 히데타케, "마법의 코칭", 새로운 제안, 2004.

구성원의 잠재력을 극대화하여 최상의 가치를 실현할 수 있도록 돕는 수평적 파트너십[4]을 말합니다.

X는 이제 전통적 리더십에서 벗어나, 새로운 방법, 새로운 관점, 새로운 관계를 바탕으로 새로운 리더십을 펼쳐야 합니다. 기존의 보고 배운 리더십에서 새로운 리더십으로 전환해야 하는 이유입니다.

새로운 리더십으로 전환하기에 앞서 먼저 자신을 되돌아보는 것이 필요합니다. 당신이 앞만 보며 맹목적으로 달려온 X라면, 이제 잠시 숨을 고르며 자신의 리더십을 점검할 때입니다. 현재의 자신을 객관적으로 되돌아보고 앞으로의 리더십 방향을 재설정해야 합니다. 그래야 어디로 갈지, 무엇을 할지가 분명해집니다.

4   한국능률협회, "TERA 코칭리더십", 한국능률협회, 2021.

생각해
봅시다

💡 어떤 리더로 기억되고 싶은가요?

_____

_____

_____

_____

_____

💡 나는 지금 어떤 리더인가요?

_____

_____

_____

_____

_____

💡 내가 원하는 리더십 실현을 위해 지금 당장 나에게 필요한 변화는 무엇인가요?

_____

_____

_____

_____

_____

💡 그 변화를 위해 지금 당장 해야 할 것은 무엇인가요?

_____

_____

_____

_____

_____

2

부드럽고 솔직한
일터의 대화를 위한
5가지 리얼 스킬

일의 의미와 가치, 자신의 선택과 관심 그리고 실현을 중시하는 다양한 구성원에게 어떻게 리더십을 발휘해야 할까요?

이 챕터에서는 부드럽고 솔직한 코치형 리더로 전환하기 위해 X에게 가장 필요한 리얼 리더십 스킬 5가지에 대해 순차적으로 다루겠습니다. 5가지 스킬은 친밀감 형성, 적극적 경청, 인정과 칭찬, 명료한 질문 그리고 진심 어린 피드백입니다.

1 첫 번째 스킬, 친밀감 형성

첫 번째로 필요한 리더십 스킬은 친밀감 형성입니다. 유독 누군가에게 리더십 발휘가 어렵게 느껴진다면 '상대'와 '나' 사이에 친밀감을 먼저 구축해야 합니다.

"인간관계는 많은 시간과 인내심을 요구한다.

이것이 앞선 세대들이 자신들의 생활방식을 통해 우리에게 가르쳐준 지혜다."

—에크낫 이스워런(Eknath Easwaran)[1]

---

1 에크낫 이스워런(Eknath Easwaran): 1910년 인도 남부 케랄라 주에서 태어났다. 나그푸르 대학에서 학위를 마치고 그 대학 영문과 교수가 되었다. 1959년 풀브라이트 교환 프로그램으로 미국에 갔으며, 1961년 '블루마운틴 명상센터'를 설립하고, 1967년부터는 버클리 대학에서 명상 강좌를 개설해 가르쳤다. 이 강좌는 미국 명문대학교에서 학점을 부여한 최초의 명상 과목으로 알려져 있다. 저서로는 〈죽음이 삶에게 보내는 편지〉, 〈마음의 속도를 늦추어라〉, 〈비폭력이 가장 위대한 사랑이다〉, 〈명상의 기술〉, 〈날마다의 삶을 위한 바가바드기타〉, 〈인생이 내게 말을 걸어왔다〉, 〈친밀한 인간관계를 위한 명언 7가지〉 등이 있다.

1969년부터 1985년까지 MBC(문화방송)에서 방송됐던 〈웃으면 복이 와요〉라는 코미디 프로그램이 있습니다. 여기서 복은 '복 복(福)'이라는 한자로 행복(幸福)을 뜻합니다. 그렇다면 진짜 웃으면 행복이 올까요?

미국의 심리학자 실반 톰킨스[2]는 1960년에 '안면 피드백 이론'[3]을 발표합니다. 이 이론의 핵심은 우리의 감정이 얼굴 표정에 영향을 받는다는 것입니다. 우리는 표정을 통해 우리의 감정을 조절하고 원하는 방향으로 이끌 수 있습니다. 기분이 좋을 때에만 웃는 게 아니라, 웃는 표정을 하면 감정이 긍정적으로 바뀌게 됩니

---

2 실반 솔로몬 톰킨스(Silvan Solomon Tomkins): 정서 이론과 각본 이론을 모두 개발한 심리학자이자 성격 이론가입니다.
3 안면 피드백 이론: '안면 피드백 가설(Facial feedback hypothesis)'이라고도 한다. 사람의 감정 체험이 얼굴 표정에 영향을 받는다는 게 핵심이다. 기분이 좋아서 웃는 게 아니라 웃기 때문에 기분을 좋게 만들 수 있다는 것이다. 사람의 표정을 통해 감정이 조절되고 원하는 방향으로 이끌어질 수 있다는 이론이다. 이 효과를 증명하는 유명한 실험이 있다. 1988년 독일의 심리학자 프리츠 슈트라크가 이끄는 팀이 피험자들을 두 그룹으로 나눠 한 그룹은 볼펜을 코와 윗입술 사이에 물게 하고 다른 그룹은 위아래 어금니 사이에 물게 했다. 이 상태에서 똑같은 만화를 보여준 후 나중에 얼마나 재미있게 보았는지 확인해 보았다. 두 번째 그룹이 훨씬 더 재미있게 보았다고 평가했다. 이유는 간단했다. 볼펜을 코와 윗입술 사이에 물면 얼굴이 자연히 찡그려진다. 반면 어금니 사이에 물면 저절로 웃는 얼굴이 된다. 억지 웃음일지라도, 웃으면서 경험한 것에 대해 사람들은 더 긍정적인 평가를 내리게 된다는 것이다. 국내(장상호, 김정호(2016). 안면 피드백이 감정 경험에 미치는 영향: 국내 실험적 연구. 사회심리학회지, 30(2), 29-44)에서도 한국인 참가자를 대상으로 얼굴 표정이 감정 경험에 미치는 영향을 조사하여 안면피드백 이론이 한국 상황에도 적용 가능하다는 것이 확인되었다.

다. 기분을 좋게 하는 데에는 입꼬리를 살짝 들어주는 기계적인 움직임만으로도 충분합니다. 눈이 함께 웃는 뒷센 미소[4]가 아니어도 우리 뇌는 좋은 느낌을 저절로 만들어 냅니다. 더 놀라운 것은 이런 표정 변화가 전염성이 있다는 것입니다. 동료든 상사든 후배든 배우자든 이웃이든, 당신이 미소를 지으면, 당신과 마주하는 상대방은 그 웃음에 화답합니다. 그리고 무의식적으로 당신을 친절하고 균형 잡힌 사람이라고 평가합니다. 이런 만남을 편안하게 생각하는 것은 당연한 일입니다. 그러니 당신의 미소 머금은 얼굴을 상대가 볼 수 있게 한다면 그(녀)와 친밀감을 형성할 수 있습니다.

X의 주변에는 미소를 짓는 사람이 없었습니다. 그래서인지 X 또한 늘 차가운 표정을 짓고 있었습니다. 때문에 어느 누구도 선뜻 다가오지 못했습니다. 상대가 편안하게 다가올 수 있도록 하는 데 '미소'만큼 강력한 것도 드뭅니다. X가 눈을 맞추고 웃음을 보여주자, 구성원들은 미소를 지으며 편안하게 다가올 수 있었습니다. 상대와 친밀감을 형성하고 싶다면 그 첫걸음은 부드럽고 편안한 미소를 먼저 보여주는 것입니다.

---

4 뒷센 미소: 진짜 기쁨과 행복으로부터 나타나는 웃음을 가리키는 말로 미소를 지을 때 얼굴의 다른 근육과 함께 눈 가장자리 근육도 함께 사용된다. 이 사실을 처음 밝혀낸 사람은 신경심리학자인 기욤 뒷센이다.

미국 볼티모어 메릴랜드대 심리학과 교수인 로버트 프로바인 (Robert Provine)은 1996년에 '웃음의 전염성에 대한 연구' 결과를 발표하였습니다. 이 연구는 웃음이 발생하는 빈도와 상황을 확인하기 위해 쇼핑몰과 대학 캠퍼스와 같은 자연환경에서 사람들 사이의 1,200개 이상의 상호작용을 관찰하는 방식으로 진행되었습니다.

프로바인은 웃음이 사람들이 혼자 있을 때보다 사회적 상황에서 발생할 가능성이 훨씬 더 높으며 웃음이 종종 다른 사람들로부터 더 많은 웃음을 유발하여 웃음의 연쇄 반응을 일으킨다는 사실을 발견했습니다.

이 연구로 웃음의 전염성과 웃음이 개인 간의 사회적 결속력과 친밀감을 증진한다는 것이 확인되었습니다.

친밀감은 '다름'에 대한 인정에서 시작된다

X의 회상 1

X 주도해 프로, 보고서 목차를 이렇게 바꿔서 다시 수정해 주세요.

주도해 프로 네, 팀장님, 알겠습니다.

X의 회상 2

X 신중해 프로, 보고서 목차를 이렇게 바꿔서 다시 수정해 주세요.

신중해 프로 목차를요? 왜요? (…다짜고짜 불러서 설명도 없이 목차를 바꾸라고? 참 난감하네!)

리더가 같은 표현으로 동일한 요구를 하더라도 구성원의 반응은 제각기 다릅니다. 누군가는 "네, 알겠습니다"라는 간결한 표현과 즉각적인 행동을 보이지만, 누군가는 "목차를 수정하라고요? 왜요?"라는 반응과 뚱한 표정을 짓기도 합니다. 이런 다른 모습이 나

바라는 이유 중 하나는 사람마다 각기 다른 특성을 가지고 있기 때문입니다.

요즘 MZ세대 사이에서 MBTI[5]가 유행입니다. 상대에 대해 관심이 있을 때, "당신의 MBTI는 무엇입니까?"라는 질문으로 대화를 시작하며 서로에 대해 공감대를 형성하기도 하고, 경우에 따라 자신과 다른 유형에 대해서는 나와 맞지 않는다며 배척하기도 합니다.

MBTI는 16가지로 사람의 성격 유형을 구분합니다. 그러나 16가지로 사람의 성격을 표현하는 것은 사실상 불가능합니다. 편의상 16가지로 구분한다고 생각하는 것이 좀 더 정확합니다. 엄밀히 말하면 지구상에 존재하는 인구수만큼 사람의 특성은 다 다릅니다. MBTI 유행은 '나' 그리고 '상대'를 '이해하고 싶다'는 욕구가 이끌어낸 현상입니다. MBTI뿐만 아니라 자신과 타인의 이해를 돕는 도구는 다양합니다. 행동유형을 진단하는 DISC(디스크),[6] 강점 파악을 돕는 VIA[7]나 StrengthsFinder(스트렝스 파인더),[8] 개인 특성(동기

---

5 MBTI: MBTI(Myers-Briggs Type Indicator)는 마이어스(Myers)와 브릭스(Briggs)가 스위스의 정신분석학자인 카를 융(Carl Jung)의 심리 유형론을 토대로 고안한 자기 보고식 성격 유형 검사 도구이다.
6 DISC: 1928년 미국 콜롬비아 대학의 마스톤 박사가 고안한 인간의 행동유형패턴을 검사하는 방법으로 사람들은 일상속에서 자연스럽게 행동하는 유형들이 있는데 마스톤 박사는 그 유형을 Dominance(주도형), Influence(사교형), Steadiness(안정형), Conscientiousness(신중형)의 4가지로 정의하였습니다. DISC는 이 4가지 유형의 머릿글자를 따서 이르는 말이다.

부여, 자기인식, 사회적 인식, 사고방식 등)을 파악하는 Birkman(버크만)[9] 등이 있습니다.

상대와 친밀감을 형성하려면 나와 상대의 차이를 이해하고 그에 따라 상대와 어떻게 친밀감을 형성하는 것이 효과적인지 분석하여 전략적으로 접근해야 합니다. 즉 상대의 말과 행동을 객관적으로 관찰하여 상대에게 맞춰 친밀감을 형성하는 방법을 달리 적용할 필요가 있습니다.

당신이 X라면, 구성원과의 친밀감을 형성하기 위해서 상대의 특성을 파악하고 이에 따라 맞춤식 접근이 필요함을 인식해야 합니다. 그리고 함께 일하는 구성원을 먼저 관찰하여 특성을 분석해야 합니다. 이를 바탕으로 사람마다 다른 특성을 고려해 친밀감을 형성하기 위한 차별화 전략을 마련하여 실천할 필요가 있습니다.

예를 들어 아래와 같이 특성이 다른 구성원이 있다면, 동일한 방법이 아니라 각자의 특성을 고려해 다른 방식으로 친밀감을 형성해야 합니다.

---

7 VIA: 긍정심리학의 창시자인 마틴 셀리그만과 긍정심리학자인 크리스토퍼 피터슨 교수가 주축이 되어 개발한 검사로 6가지 덕목과 24가지 강점으로 구성된 강점 진단도구이다.
8 StrengthsFinder: 갤럽이 30년간 각 분야의 뛰어난 200만명을 인터뷰한 결과를 바탕으로 개발한 강점진단 도구이다.
9 Birkman: 1951년 미국 심리학자 Dr.버크만이 개발한 개인 특성 진단 도구로 사람의 네 가지 주요 관점인 동기부여, 자기인식, 사회적 인식, 사고방식을 보여준다.

군더더기 없이 신속하고 즉각적인 업무 처리를 선호합니다. 또한 자신이 통제권을 가지고 주도적으로 업무를 처리하기를 원하며, 과정보다는 결과를 중시하는 특성을 보입니다. 주도해 프로가 자주 하는 말은 "이 프로젝트는 반드시 해야 합니다"입니다.

주도해 프로와 친밀감 형성하기

과업 중심적이고 신속한 일 처리 특성을 가지고 있기 때문에 그와 대화할 때는 핵심만 간략히 설명하는 것이 좋습니다. 서론, 본론, 결론으로 친절하게 대화하기보다는 요점만 간략히 하고 주변의 이야기는 생략하는 대화법이 친밀감을 형성할 때 효과적입니다.

신나해 프로

감수성이 풍부하고, 다른 사람의 인정과 칭찬에 민감합니다. 과업보다는 사람과의 관계를 중시하는 특성을 보입니다. 신나해 프로는 평소 "나는 다양한 사람들을 만나는 것이 즐거워" 등의 말을 자주 합니다.

신나해 프로와 친밀감 형성하기

사람을 중시하는 특성을 고려해야 합니다. 대화할 때 본론으로 바로 들어가기보다는 상대가 요즘 어떤 상태인지 어떠한 생각과 감정을 느끼고 있는지에 대해 Small Talk를 하는 것이 좋습니다. 이러한 과정을 통해 본격적인 대화에 앞서 긍정적 분위기를 형성해야 합니다.

안정해 프로

협력을 잘하고 상호 배려하는 환경을 선호합니다. 다른 사람들에게 부드럽고 예의가 바릅니다. 돌발 상황에서 발생하는 스트레스를 좋아하지 않으며 편한 관계를 선호합니다. 안정해 프로는 "모든 사람이 좋아하는 것이면 저도 좋아요" 등의 표현을 자주 하곤 합니다.

안정해 프로와 친밀감 형성하기

편안한 분위기에서 천천히 대화를 시작하는 것이 좋습니다. 이야기를 할 때는 상세하고 구체적으로 설명하고, 상대가 불편해하지 않도록 감정적인 부분을 신경 쓰는 것이 관계 형성에 도움이 됩니다.

신중해 프로

일 처리가 꼼꼼하고 정확합니다. 사실에 근거하여 체계적이고 꼼꼼하게 일을 처리하는 것을 선호합니다. 다른 사람들에 비해 감정표현이 적은 편입니다. 이런 신중해 프로는 평소 "이 일이 제품 판매에 어떤 영향을 미칠까요? 분석해 봅시다" 등의 말을 자주 하곤 힘니다.

신중해 프로와 친밀감 형성하기

사실 기반의 논리적인 대화를 선호합니다. 과업을 수행함에 있어 논리적이고 냉정하기 때문에 업무 이외의 개인적 이야기는 최소화할 필요가 있습니다. 또한 질문에 답할 때, 깊이 생각한 후 대답하기 때문에 즉각적으로 반응을 보이지 않을 수 있습니다. 이때 대답을 재촉하기보다는 본인이 스스로 생각을 정리할 수 있도록 시간을 주는 것이 좀 더 바람직합니다.

지금까지 당신의 리더십을 되돌아보고, 앞으로 내가 원하는 리더십 발휘를 위해 어떤 변화가 필요한지 생각해 봅시다.

Stop: 해야 한다고 생각했지만, 실천하지 않은 것은 무엇인가?

_____

_____

_____

_____

Think: 실천을 미루고 있는 이유는 무엇인가?

_____

_____

_____

_____

💡 Action: 지금.당장 할 수 있는 것은 무엇인가? 누구에게, 언제부터, 어떻게 시작할 것인가?

_____

_____

_____

_____

💡 Result: 실천해 본 소감은? (한 달 후 작성해 봅시다)

_____

_____

_____

_____

2 두 번째 스킬, 적극적 경청

"경청은 시간이 오래 걸린다고 생각한다. 하지만 경청은 가장 빠른 의사소통 방법이다. 왜냐하면 상대방 속마음을 다루기 때문이다. 경청은 주변 문제들로 시간 낭비를 하는 대신 실제 문제를 바로 발견하게 하고 상대의 마음을 연다"

—스티브 코비(Stephen Covey)[10]

당신의 경청 DNA를 꺼내라

X의 회상

어느 날 X는 '엄격해 대표이사'가 주재하는 중역회의에 참관하

---

10 스티브 코비(Stephen Covey, 1932~2012): 미국인이며 커비 리더쉽 센터의 창립자이자 프랭클린 커비사의 공동 회장이었다. 유타 대학교에서 학부를 마치고 하버드 경영대학원에서 경영학 석사(M.B.A.) 학위를 취득한 후 브리검영 대학에서 종교교육학 박사학위를 받았다. 이어서 그는 브리검영 대학에서 조직행동학과 경영관리학 교수, 부총장 등을 역임하였다. 그는 국제경영학회로부터 맥필리(McFeely) 상을 수여받았으며, 타임지로부터 '미국에서 가장 영향력 있는 25명' 가운데 한 사람으로 선정되기도 하였다.

여 경영진의 회의 장면을 관찰합니다.

엄격해 대표 인상무, ○○○ 신제품 개발 프로젝트는 반드시 기한이 준수되어야 합니다. 설계단계에서 일정에 차질이 발생하지 않도록 각별히 챙기세요.

인색해 상무 네, 대표님.

엄격해 대표 연구소뿐만 아니라 다른 부분도 일정에 차질 없죠?

중역들 네, 대표님.

엄격해 대표 다른 안건 이야기할 사람 있나요?

중역들 (…) 없습니다.

엄격해 대표 그럼, 회의는 여기까지 합시다.

중역들은 대표이사의 이야기에 귀 기울이며 한마디도 놓치지 않기 위해 다이어리에 회의 내용을 열심히 적고 있었습니다. 대표이사가 이야기를 할 때는 고개도 열심히 끄덕였습니다. 그들의 모습을 보며 X는 중역들이 경청을 꽤 잘한다고 생각했습니다.

중역회의가 끝나고 사무실로 돌아온 '인색해 상무'는 팀장들을 호출해 대표이사의 지시사항을 전달한다.

인색해 상무 설계팀장, ○○○ 신제품 개발 프로젝트의 설계 일정은 차질 없죠?

설계팀장 네, 상무님.

인색해 상무 시작품개발팀장, 설계팀 설계안 나오는 대로 시작품 제작도 차질 없이 진행하세요.

시작품개발팀장 네, 상무님.

인색해 상무 제품검증팀도 문제없죠?

제품검증팀장 상무님, ○○○ 신제품 개발 프로젝트 관련해서 궁금한 게 있습니다. 신제품 출시 일정은 아직 여유가 있는데 유독 이 제품만 일정 관리를 타이트하게 하는 특별한 이유가 있나요?

인색해 상무 사장님이 특별히 챙기고 계십니다.

제품검증팀장 저… 상무님, 제 생각에는 현재 다른 제품 검증 스케줄이 밀려 있어 순서대로 처리하면 어떨까 합니다. ○○○ 신제품 검증을 먼저 진행하게 되면 다른 제품 일정들이 모두 밀려 차질이 챙기거든요.

인색해 상무 (못마땅한 얼굴로) 제품검증팀장은 왜 이렇게 말귀를 못 알아들어요. 사장님이 특별히 챙기는 건입니다. 다들 차질 없이 추진하세요.

'인색해 상무'가 주재하는 회의는 대표이사가 주재한 중역회의와 많이 닮아 있었습니다. 팀장들은 '인색해 상무'의 이야기를 들으며 열심히 고개를 끄덕였습니다. '인색해 상무'의 이야기를 놓치지 않기 위해 열심히 다이어리에 받아 적기도 했습니다. 그런데 "상무님, 이것과 관련해서 제가 궁금한 게 있는데요"라는 질문이,

또 잠시 후, "제 생각은요…"로 자신의 의견을 드러내는 누군가가 등장하자 분위기는 급격히 냉랭해집니다. 대표이사의 이야기를 열심히 경청하던 그분이 맞나 싶을 정도였습니다. 상대를 쳐다보지도, 상대의 이야기에 귀를 기울이지도, 상대의 얘기 속 의도를 파악하려는 시도도 하지 않았습니다.

어떤 이는 리더십 스킬 중 '경청'을 가장 쉬운 스킬로 꼽습니다. 그런데 상사에게는 경청을 잘하는데, 부하직원에게는 그렇지 않다면 이것은 진짜 경청을 잘하는 것이 아닙니다. 진짜 경청은 자신의 에고(Ego)를 내려놓아야만 가능합니다. 에고는 자기 자신이 가장 중요한 존재라고 믿는 자의식[11]을 말합니다. 쉽게 말해 경청은 '나 중심(Me-Centered)'이 아니라 '상대방 중심(You-Centered)'이어야합니다. 자의식이 강한 리더는 구성원과 대화할 때 '나'에게 집중하다 보니 제대로 경청하지 못합니다.

나 중심(Me-Centered)	상대방 중심(You-Centered)
• 상대의 신체, 감정, 생각, 움직임 등을 알아차리지 못함 • 상대가 이야기할 때 대화를 어떻게 진행할지를 생각함 • 무의식 중에 상대를 판단하고 있음 • 자신의 생각과 의견을 이야기해 주고 싶어함	• 상대의 언어, 느낌, 어조, 바디 랭귀지에 집중 함 • 상대 중심의 사고 패턴을 이해함 • 상대의 신념, 가치관에 관심을 기울임 • 상대의 상황, 환경을 고려함 • 상대의 자율성을 보장하고, 선택권을 제공함

리더는 구성원에 비해 더 많은 지식과 경험을 가지고 있습니다. 때문에 은연 중에 상대를 판단하고, 가르쳐야 할 대상으로 보게 됩니다. 이로 인해 자기중심적이 되기도 합니다. 가장 쉽다고 생각하는 경청이 어려운 이유가 여기에 있습니다.

경청을 제대로 하고 있는지 점검하고 싶다면 아래 10개의 리스트로 점검해 보시길 바랍니다.

---

11   라이언 홀리데이, 『에고(Ego)라는 적: 인생의 전환점에서 버려야 할 한 가지』, 흐름출판, 2017.

적극적 경청 체크리스트
나는 다른 사람과 대화를 할 때…
☑ 상대방과 눈을 마주친다 ☑ 상대방의 말을 끝까지 듣는다 ☑ 상대방의 표정, 몸짓, 침묵 등 비언어적 단서에 주의를 기울인다 ☑ 상대방의 말을 정확하게 이해했는지 확인하기 위해 자신의 언어로 바꾸어 다시 말한다 ☑ 들리는 이야기의 이면, 상대방의 의도와 감정을 파악한다
※체크 항목이 많을수록 적극적 경청을 나타냄
☑ 어떻게 대응할 것인지 계획한다 ☑ 스마트폰을 보거나 물건을 정리하는 등 다른 일을 하면서 이야기를 듣는다 ☑ 자주 두리번거리거나 물건, 소리 등 외부 자극에 주의를 뺏긴다 ☑ 상대방의 문장을 내가 마무리한다 ☑ 인상을 쓰거나 한숨을 쉰다
※체크 항목이 많을수록 적극적 경청 스킬의 개발이 필요

위의 5가지 항목을 모두 체크했다면 당신은 경청을 잘하고 있는 겁니다. 그러나 위의 항목 체크가 적거나 아래 5가지 항목에 당신의 체크가 많다면 적극적 노력을 통해 경청 스킬을 강화해야 합니다.

'공감'과 '동의'는 다르다

X의 에피소드

X는 변명해 프로와 성과점검 미팅을 앞두고 있습니다. 이번 미팅에서는 꼭 경청하는 자세로 상대의 이야기에 귀 기울이겠다는

니침을 합니니.

상황 ① ─ 동의형 리더

X   ○○업무의 올해 목표가 어떻게 되죠?

변명해 프로   작년 실적이 10건이었고, 올해 목표는 12건입니다.
지금 생각해 보니 목표를 너무 무리하게 잡았어요.

X   그렇군요. 12건은 무리한 목표군요.

변명해 프로   네, 팀장님, 현재 7건 완료했는데 아직도 5건이나 더
해야 합니다. 현실적으로 말이 안 됩니다.

X   그렇군요. 현실적으로 말이 안 되네요.

변명해 프로   지금이라도 목표를 하향 조정해 주세요. 팀장님,

X   …… (목표를 하향 조정하자구? 도대체 어떻게 해야 하지?)

구성원의 입장을 헤아리며 경청을 하다 보면, 상대는 리더의 입
장은 안중에도 없이 그저 불평과 불만을 늘어놓습니다. 더 나아가
무리한 요구를 하기도 합니다. 문제는 이렇게 흘러다가 보면 왠지
상대의 요구를 수용해야 할 것만 같은 상황이 된다는 것입니다. 하
지만 경청할 때 구분해야 하는 것은 있습니다. 바로 '동의'와 '공
감'이 다르다는 것입니다.

상황 ② – 공감형 리더

X ○○업무의 올해 목표가 어떻게 되죠?

변명해 프로 작년 실적이 10건이었고, 올해 목표는 12건입니다. 지금 생각해 보니 목표를 너무 무리하게 잡았어요.

X 목표가 무리였다고 생각하는군요.

변명해 프로 네, 팀장님, 현재 7건 완료했는데 아직도 5건이나 더 해야 합니다. 현실적으로 말이 안 됩니다.

X 현실적으로 말이 안 된다고 생각하는군요.

변명해 프로 네, 5건을 더 하는 건 무리입니다.

X 5건을 더 하는 건 무리라고 생각하는군요.

변명해 프로 말하다 보니 사실 좀 창피하네요. 작년에 10건이었으니 올해 12건은 해야 하는 건 맞는데, 제가 해낼 수 있을지 모르겠어요.

X 목표를 달성하고 싶은데 잘할 수 있을지 걱정인 거군요.

변명해 프로 예. 맞습니다. 혹시 좋은 생각 없으세요?

X 목표를 달성할 수 있는 방법에 대해 같이 생각해 보시죠.

경청을 하면 불편해지는 경우가 있습니다. 왠지 상대의 요구를 수락해야 할 것만 같고 대화가 끝나고 나면 손해를 본 느낌이 들기 때문입니다. 상대의 의견에 '동의'가 되지 않는 상황이라면 동의하지 말아야 합니다. 리더가 '적극적 경청'을 해야 하는 이유는 상대의 입장을 이해하고 '공감'하기 위해서입니다. 리더가 '동의'와 '공

적극적 경청은 이렇게!

경청은 내가 '잘하고 있다'고 생각하는 것이 중요한 것이 아니라, 상대가 '잘한다'고 인정하는 것이 중요합니다. 자신은 경청을 잘한다고, 생각하는데 주변에서 반대의 피드백을 한다면 제대로 경청하고 있는 것이 아니라 경청을 연기하고 있을 수 있습니다. 적극적 경청을 하고 싶다면 열린 마음으로 제대로 된 경청을 해야 합니다.

첫째, 적극적 경청을 할 준비가 되어 있음을 상대에게 표현해야 합니다. '어세오세요'라는 언어적 표현을 통해 환영의 뜻을 전달해야 합니다. 또한 상대와 눈을 맞추고, 몸을 상대 쪽으로 돌리는 등의 비언어적 행동도 상대에게 경청할 준비가 되었음을 알리는 표현이 됩니다.

둘째, 상대를 관찰하며 말하는 내용뿐만 아니라 감정과 의도까지 열린 마음으로 경청해야 합니다. 말을 할 때 내용에만 집중하게 되면, 상대의 의도를 놓치게 됩니다. 말속에 담긴 감정까지 듣는 것이 필요합니다.

마지막으로, 들은 내용뿐만 아니라 알아차린 감정, 의도에 대해 상대에게 말로 표현하여 제대로 경청하였음을 전달해야 합니다.

지금까지 '열심히' 들었다면, 앞으로는 '제대로' 경청을 해야 합니다. 처음에는 어색하고 불편합니다. 하지만 의식적으로 '적극적 경청'을 반복 훈련하면, 어느 순간 경청이 자연스럽게 습관이 되어 리더의 가장 강력한 리더십 무기가 됩니다.

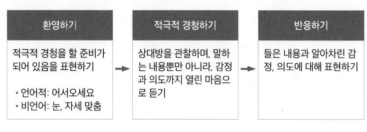

환영하기	적극적 경청하기	반응하기
적극적 경청을 할 준비가 되어 있음을 표현하기 • 언어적: 어서오세요 • 비언어: 눈, 자세 맞춤	상대방을 관찰하며, 말하는 내용뿐만 아니라, 감정과 의도까지 열린 마음으로 듣기	들은 내용과 알아차린 감정, 의도에 대해 표현하기

적극적 경청 3단계

경청에 관한 심리학 실험

미국 텍사스대 심리학과 교수로 재직 중인 제임스 페네베이커[12]는 작은 그룹으로 나누어 고향, 출신 대학, 직업 등 각자 자신이 선택한 주제로 사람들과 15분 동안 대화를 나누게 했습니다.

15분 후에 사람들에게 그 그룹이 얼마나 마음에 들었는지 물었

---

12 제임스 페네베이커(James W. Pennebaker, 1950~현): 글쓰기와 건강의 관계 연구에서 세계적으로 인정받는 전문가이다. 그동안 심리적 외상 경험, 표현적 글쓰기, 자연언어 사용, 그리고 신체적·심리적 건강과의 관계를 연구해 왔으며 글쓰기/말하기 훈련을 통해 신체적 건강과 작업능력이 향상된다는 것을 밝혀냈다. 최근에는 실생활에서의 언어와 감정 간의 관계에 주안점을 두고 사람들이 사용하는 언어는 그들의 인격과 사회의 관계를 강력히 반영한다는 것을 연구하고 있다.

습니다. 조사 결과, 자신이 이야기를 많이 한 사람들이 그 그룹에 대해 더 마음에 든다고 답하였습니다.

이 실험 결과, 말을 하는 것보다, 경청하는 것이 사람에게 호감을 끌어낼 수 있다는 것이 확인되었습니다.

지금까지 당신의 리더십을 되돌아보고, 앞으로 내가 원하는 리더십 발휘를 위해 어떤 변화가 필요한지 생각해 봅시다.

Stop: 해야 한다고 생각했지만, 실천하지 않은 것은 무엇인가?

_____

_____

_____

_____

Think: 실천을 미루고 있는 이유는 무엇인가?

_____

_____

_____

_____

💡 Action: 지금 당장 할 수 있는 것은 무엇인가? 누구에게, 언제부터, 어떻게 시작할 것인가?

_____

_____

_____

_____

💡 Result: 실천해 본 소감은? (한 달 후 작성해 봅시다)

_____

_____

_____

_____

3 세 번째 스킬, 인정과 칭찬

명언

"잘못하고 있는 순간을 잡아내면 사람들은 방어적이 되고 변명을 합니다.

반면에 잘하고 있는 순간을 포착하면 긍정적인 면이 강화됩니다."

—존 맥스웰(John C. Maxwell)[13]

13 존 맥스웰(John C. Maxwell): 전 세계 180개국 600만 명의 지도자를 훈련시킨 리더십의 대가이자, 2014년 미국경영협회와 인터넷 경제전문지 『비즈니스 인사이더』가 선정한 경영 분야에서 가장 영향력 있는 리더, 미국의 월간 경제 매거진 『Inc』에서 뽑은 가장 인기 있는 리더십 전문가이다. 리더십구루스닷넷에서는 6년 연속 최고의 리더십 전문가로 선정되었으며 『뉴욕타임스』, 『월스트리트 저널』, 『블룸버그 비즈니스위크』가 선정한 베스트셀러 작가이기도 하다. 저서로는 『다시 일어서는 힘』, 『인생의 중요한 순간에 다시 물어야 할 것들』, 『어떻게 배울 것인가』, 『사람은 무엇으로 성장하는가』, 『존 맥스웰 리더의 조건』, 『존 맥스웰 리더십 불변의 법칙』, 『존 맥스웰 위대한 영향력』등이 있다.

칭찬은 사람을 춤추게 한다

X의 회상

조직 생활을 하면서 가장 열심히 일했던 순간을 떠올려 보라고 하면 주저 없이 2007년을 회상합니다. 그날도 여느 날과 다름없이 바쁜 오전을 보내고 있던 X. 그의 모니터 하단에 미수신 이메일 표시가 보였습니다. 신경이 쓰였지만, 급한 업무를 마무리하느라 무시하다 오후가 되어서야 뒤늦게 이메일을 확인하였습니다. 이메일 중에 하나가 유독 눈에 들어왔습니다. 바로 직속 임원이 보내온 이메일이었습니다

보낸 사람: 인색해 상무

받는 사람: X

보낸 날짜: 6월 1일, 오전 11:40

메일 제목: Innovation 관련 향후 방안 제시 요청 건

X님께,

이번 점검 과정에서 보여준 열의와 노고에 거듭 감사드립니다.

기술 전략 수립 및 그 달성을 위한 수행과제의 실천, 자료의 데이터베이스화, 내부 감사 대응에 이어 이번 업무 성취

…성을 비비꼬며 요은 상생을 받았습니다. 이처럼 놀라운 능력과 열의를 왜 진작에 발굴해 진가를 발휘하도록 하지 못했는지, 제 안목의 부족함을 반성하기도 했습니다. 우리 회사의 미래는 기술 자립에 달려 있음이 분명하며, 이는 연구원 개개인의 역량 확보와 이를 체계화해 조직의 역량으로 결집시키는 것에 성패가 좌우됩니다.

이를 수행하기 위해서는 사태의 긴박성을 직시하는 인식의 전환으로부터 시작해 조직의 공감을 끌어내고 어떠한 어려움도 극복하며 세부 과제를 꼼꼼하게 성취해 나아가는 추진력이 필요한데, 그런 변화의 리더는 정말 드물다는 것입니다. 하지만 정말 다행인 것은 우리 조직에 그런 리더가 되어줄 수 있는 사람이 있다는 것이죠. 그것을 보지 못했던 지난날은 절망의 연속이었지만, 최근 X님의 업무 추진 과정을 바라보며 희망을 발견하게 되었습니다. '지금 무엇을 하고 있는가'보다는 하고자 하는 열의와 사람을 움직일 수 있는 힘으로 무장되어 있는 X님에게 진심으로 존경을 보내며 앞으로 인재와 조직 육성을 위해 헌신해 주실 것을 간곡히 부탁드립니다.

다음은 혁신과 관련해 제가 설정한 방향입니다. 그러나 이러한 방향에 대해 아직 충분한 이해와 공감이 부족했음을 반성하며 X님에게 협조를 요청합니다. 의견 기다리겠습니다.

X는 이메일을 읽고 팽팽하던 고무줄이 갑자기 탁! 끊어진 느낌을 받았습니다. 이렇게 장문의 글로 쓰여 진 피드백을 받은 건 처음이었습니다. 인색해 상무가 보내온 이메일에는 최근 X가 수행한 실적이 구체적으로 표현되어 있었습니다. 평소 X에게 관심이 없었다면 절대 기술할 수 없는 내용이었습니다.

이메일 사건 이후 X는 평소보다 더욱 열과 성을 다해 일했고 그만큼 많은 성취와 성장을 경험했습니다. '칭찬은 고래도 춤추게 한다'고 했던가요? 그 시절의 X는 고래였습니다. 스스로 춤을 추기로 선택한 고래! 가끔씩 슬럼프가 찾아오면 X는 그때 그 이메일을 다시 읽어보며 에너지를 얻곤 하였습니다.

누군가서 자신의 숨은 공로를 알아보고 인정해 주면 동기가 강화됩니다. 칭찬에 춤을 추는 것은 고래뿐만이 아닙니다. 누군가의 진정성 있는 인정과 칭찬을 받으면 사람은 절로 신이나 춤을 춥니다.

하지만 인정과 칭찬에 진심이 느껴지지 않는다면 어떨까요? 상대가 불순한 목적을 가지고 의도적으로 나를 이용하려고 사탕발림을 한다면 말입니다. 오히려 불쾌감과 배신감을 느끼게 됩니다. 리더는 가짜가 아닌 진짜 칭찬을 해야 됩니다. 그 사람이 가지고 있는 내면의 숨은 잠재력을 찾아 자신의 진가를 발견할 수 있도록 돕는 것, 이것이 바로 '인정과 칭찬' 스킬입니다.

진짜 인정과 칭찬은 이렇게!

제대로 된 인정과 칭찬은 어떻게 해야 할까요? 가끔 영혼 없이 무조건 칭찬을 남발하는 리더가 있습니다. 자신을 낮추고 상대를 높여 상대방의 기분을 좋게 만들어 주기도 합니다. 그런데 자신을 낮추고 상대를 높이다 보면 어느 순간 '내가 이렇게까지 해서 칭찬을 해야 하나?' 하는 자괴감이 밀려옵니다. 그렇게 칭찬을 했음에도 상대는 딱히 눈에 띄는 긍정적 변화를 보여주지 않습니다. 오히려 자만심과 근자감(근거 없는 자신감)만 생긴 것 같아 찝찝합니다. 만약, 이런 기분이 드신다면 이제 방법을 바꿔야 합니다.

첫째, 상대를 인정하기 위해서는 먼저 팩트를 찾아야 합니다. 상대를 객관적으로 관찰하고 그(녀)가 가지고 있는 긍정적인 행동을 찾고, 이 행동에 대해 구체적으로 언급해야 합니다.

둘째, 그 행동을 긍정적으로 보는 이유도 함께 설명해야 합니다. 즉 상대의 행동을 보며 발견한 잠재력 또는 강점이 무엇인지, 그 행동을 긍정적으로 보는 이유를 설명해야 합니다.

마지막으로, 그 행동을 보고 어떤 긍정적 느낌을 받았는지 전달해야 합니다.

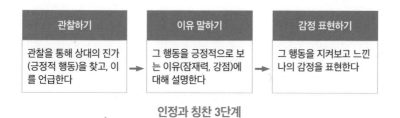

인정과 칭찬 3단계

지금까지 당신이 어떻게 인정과 칭찬을 했는지 점검해 보시길 바랍니다. 칭찬을 하는 행위 자체가 리더십의 목적이 아닙니다. 구성원의 동기를 강화하고, 이를 통해 업무 몰입과 자발성을 높이는 것이 리더의 역할입니다. 이를 위해서는 맹목적인 인정과 칭찬에서 벗어나 상대의 진가를 찾아 인정하는 것이 중요합니다.

1964년 심리학자 로버트 로젠탈 교수와 초등학교 교장 출신의 레노어 제이콥스는 샌프란시스코의 한 초등학교에서 훗날 '로젠탈 효과'[14]라고 불리는 유명한 실험을 합니다.

1학년부터 6학년까지 각 3개 반의 학생들을 선발하여 '돌발성 학습 능력 예측 테스트'라는 지능검사를 실시한 후 '잠재력이 매우 뛰어난 학생' 명단을 교사들에게 전달합니다. 그리고 그 학생들의 잠재력이 다른 아이들보다 우수하더라도 이전과 다름없이 대하고 해당 학생들과 그 부모들에게는 검사 결과를 비밀로 해달라고 부탁합니다. 사실 이 아이들은 무작위로 선택되었고 명단 역시 꾸며 낸 것이었습니다. 그런데 8개월 후 놀랍게도 명단에 있는 학생들 모두가 다른 학생들보다 평균 점수가 높아졌고 어떤 학생들의 기말고사 점수는 실험 전보다 몇 배나 올라간 것으로 나타났습니다. 이유는 바로, 선생님의 칭찬과 기대가 아이의 성적을 끌어올린 것입니다. 이 실험을 통해 로젠탈은 학생에 대한 교사의 기대가 학생들 스스로를 노력하게 만들었고, 변화로 이끄는 동력이 되었다는 결론을 내렸습니다.

---

14 로젠탈 효과(Rosenthal Effect): 하버드대 심리학과 교수였던 로버트 로젠탈 교수가 발표한 이론으로 칭찬의 긍정적 효과를 설명하는 용어다. 그는 샌프란시스코의 한 초등학교에서 20%의 학생들을 무작위로 뽑아 그 명단을 교사에게 주면서 지능지수가 높은 학생들이라고 말했다. 8개월 후 명단에 오른 학생들이 다른 학생들보다 평균 점수가 높았다. 교사의 격려가 큰 힘이 되었기 때문이다. '피그말리온 효과'와 일맥상통하는 용어다.

2021년 Journal of Applied Psychology에는 로젠탈 효과에 대한 후속 연구가 발표되었습니다. 이 연구는 다양한 문화에 로젠탈 효과가 어떤 영향을 미치는지에 대해 조사한 것으로 서양과 동양 문화에서 수행된 34개의 연구에 대한 메타 분석이 포함되었습니다. 그 결과 로젠탈 효과는 서양 문화에서 더 강했지만, 동양 문화에도 존재한다는 것을 발견했습니다.

잘못된 칭찬의 역효과에 대한 심리학 실험

스탠퍼드 대학의 캐럴 드웩[15] 교수는 학생들을 두 그룹으로 나눠서 그들에게 문제를 풀게 했습니다. 채점을 마친 뒤 캐럴 드웩 교수는 학생을 한 명씩 불러 칭찬을 해주었습니다. 다만 그룹별로 칭찬 방식을 달리했습니다.

한 그룹의 학생들에게는 그들의 능력을 칭찬해 주었습니다. "와, 8문제 맞췄네. 넌 진짜 똑똑하다." 그리고 다른 그룹의 학생들에게는 그들의 노력을 칭찬해 주었습니다. "잘했어. 정말 열심히 공부했나 보구나." 두 그룹 모두 칭찬을 했다는 점에서는 같았지만, 한

---

15 캐럴 드웩(Carol S. Dweck): 스탠퍼드대학교 심리학과의 캐럴 드웩 교수는 사회심리학과 발달심리학 분야에서 세계 최고로 인정받는 석학이다. 예일대학교에서 사회심리학 박사 학위를 받고 일리노이주립대, 하버드대, 컬럼비아대에서 교수를 역임했으며, 미국예술과학회 회원, 미국국립과학원 회원에 선출되었다. 또한 미국 베크먼재단이 수여하는 베크먼 멘토링 어워드, 미국심리학회 특별공로상, 미국심리과학학회 평생공로상 등을 수상했고, 2015년에는 예일대 대학원이 그해 가장 뛰어난 학문적 업적을 이룬 학자에게 수여하는 '월버크로스 메달'을 수상하는 영예를 안은 바 있다. IBM, 마이크로소프트, 구글, 애플, 미국 올림픽 대표 코치진, UN, 백악관 등에 초청되어 '마인드셋의 힘'을 강연했으며, '마인드셋' 이론의 핵심 내용을 정리한 2014년 TED 강연은 600만 명이 넘는 사람들이 시청했다.

그룹에 대해서는 '능력'을, 다른 그룹에게는 '노력'을 칭찬한 것이 달랐습니다. 이후 두 그룹은 조금씩 차이를 보이기 시작했습니다. 첫 번째 실험 이후 다시 난이도를 높여 시험을 치르게 했는데, 능력에 대해 칭찬을 받은 학생들은 문제의 난이도가 올라갈수록 힘들어 했습니다. 중간에 포기해 버리는 학생도 있었습니다. 하지만 노력에 대한 칭찬을 받은 학생들은 90% 이상이 더 어려운 문제에 도전하려고 했습니다.

인정과 칭찬은 무조건 공개적으로?

에피소드

지난달 영업 실적을 점검하던 X는 안정해 프로가 목표 대비 150% 초과 달성하였으며 팀 내에서 1등이라는 사실을 확인합니다. 반면 다른 팀원들의 실적은 대부분 저조한 상태입니다. 안정해 프로에게 칭찬도 하고, 다른 팀원들에게는 좀 더 분발하도록 자극을 줄 필요가 있는 상황입니다.

X 여러분, 여기 주목~ 이번 달 영업 실적은 안정해 프로가 150% 초과 달성으로 1등을 달리고 있습니다. 안정해 프로! 자리에서 일어나 보세요.

안정해 프로 (쭈뼛거리며 자리에서 일어난다)

X   자, 모두 안정해 프로에게 박수를 쳐주세요.

팀원들   (박수를 친다)

X   안정해 프로! 한마디 하시죠!

안정해 프로   (…) 감사합니다. (속마음: 당황스럽게 갑자기 일어나서 한마디 하라니 도대체 왜 저러는 걸까? 사람 참 민망하네)

칭찬은 공개적으로 해야 한다고 생각하는 리더가 많습니다. 타의 모범이 되는 행동이나 결과를 보여준 사람에 대한 공개적 칭찬은 동료들에게 긍정적 자극을 줄 수 있다고 생각하기 때문입니다. 하지만 위의 사례는 진정한 인정과 칭찬이라고 보기 어렵습니다. 왜냐하면 칭찬을 받은 사람의 관점이 아닌, 칭찬을 하는 사람의 의도가 포함되어 있기 때문입니다. 누군가는 공개적인 석상에서 스포트라이트를 받는 것을 즐기기도 하지만, 누군가는 자신에게 시선이 집중되는 것에 불편을 느낄 수 있습니다. 위 에피소드의 '안정해 프로'는 준비되지 않은 상태에서 사람들 앞에 서는 것을 불편해 하는 성향을 가지고 있을 수 있습니다. 이런 성향을 가진 사람에게 칭찬을 할 때는 우선 1:1로 하는 것이 좋습니다. 그리고 공식적인 자리에서 공개할 계획임을 밝혀 미리 마음의 준비를 할 수 있도록 해주어야 합니다.

덧붙여 선의의 경쟁을 독려하기 위해서는 공정성 이슈는 없는지 살펴야 합니다. 사람에 따라 칭찬이 달라지거나, 리더의 기분에 따리 경건할 때에 그렇지 않고 그냥 지나칠 때가 있다면 이를 지켜보는 구성원들은 공정성에 의문을 가질 수 있기 때문입니다.

조선시대 세종대왕의 가장 신임을 받은 신하 중 한 명인 황희 정승과 관련된 일화가 있습니다. 어느 날 황희 정승은 마을을 걷던 중 너무 더워 나무 아래에 잠시 쉬고 있었습니다. 그러데 그의 눈에 논에서 일을 하는 농부가 보였습니다. 그는 누렁소 한 마리와 검정소 한 마리를 데리고 일을 하고 있었습니다. 문득 두 마리의 소 중 누가 더 일을 잘하는지 궁금해진 황희 정승은 농부가 들을 수 있도록 크게 소리를 내어 물어보았습니다. "여보시게, 누렁소와 검정소 중 누가 더 일을 잘하나?" 질문을 들은 농부는 일을 멈추고 황희 정승이 있는 곳으로 와서 아주 작은 목소리로 귀에 대고 "누렁소가 일을 더 잘합니다"라고 대답하였습니다. 황희 정승은 자신에게 귓속말을 하는 농부에게 "그리 대단한 것도 아닌데 그 대답을 하러 일부러 논 밖으로 나온 게요?"라고 묻자 농부는 "소 두 마리가 서로 힘들게 일하고 있는데, 어느 한쪽이 더 잘한다고 하면 다른 소가 기분 나빠할 것 아닙니까? 아무리 짐승이지만 말은 함부로 하는 것이 아니잖소"라고 대답하였다고 합니다. 그제서야 황희 정승은 농부의 말을 듣고 자신의 잘못된 생각을 깨닫고 큰 가르침을 준 것에 대해 농부에게 감사를 표했다고 합니다.

누군가는 타인의 공적을 보며 긍정적 자극을 받아 선의의 경쟁을 하지만, 누군가는 시기와 질투를 할 수도 있습니다. 때문에 상대의 진가를 인정할 때에는 그 사람의 성향뿐만 아니라 주변의 상황을 고려하는 배려가 필요합니다.

지금까지 당신의 리더십을 되돌아보고, 앞으로 내가 원하는 리더십 발휘를 위해 어떤 변화가 필요한지 생각해 봅시다.

Stop: 해야 한다고 생각했지만, 실천하지 않은 것은 무엇인가?

_____

_____

_____

_____

Think: 실천을 미루고 있는 이유는 무엇인가?

_____

_____

_____

_____

💡 Action: 지금 당장 할 수 있는 것은 무엇인가? 누구에게, 언제부터, 어떻게 시작할 것인가?

💡 Result: 실천해 본 소감은? (한 달 후 작성해 봅시다)

---

4 네 번째 스킬, 명료한 질문

"질문은 우리가 상상하는 것 이상으로 강력한 도미노 효과를 유발한다.

우리가 부딪치는 한계에 대해 제기하는 질문은

삶의 장벽들(비즈니스, 대인관계, 국가 간 장벽)을 무너뜨린다.

나는 모든 인간의 진보가 새로운 질문에서 비롯된다고 믿는다."

— 앤서니 라빈스(Anthony Robbins)[16]

---

16   앤서니 라빈스(Anthony Robbins): 앤서비 라빈스는 미국뿐 아니라 전 세계적으로 유명한 변화 심리학의 최고 권위자로서, 개인을 변화시키고 전문가와 프로들의 심리를 치유하며, 대기업과 팀의 조직을 혁신시키는 놀라운 결과를 이끌어왔다. 그는 수많은 대중강연과 세미나를 통해 개인들의 삶과 조직의 수준을 혁신하는 데 헌신해 옴으로써 강렬한 족적을 남겼다. 그는 천만 부 이상이 팔린 초베스트셀러 『무한능력(Unlimited Power)』, 『네 안에 잠든 거인을 깨워라(Awaken the Giant Within)』의 저자이기도 하며, 개인과 조직의 혁신을 실질적으로 불러일으키는 오디오 교육시스템인 [우리 안의 놀라운 힘]을 전 세계에 2억 개 이상 판매하여, 수많은 사람들의 인생을 경이롭게 변화시켜 온 카운슬러이기도 하다.

사람은 자신의 '내면의 목소리'에
더 큰 영향을 받는다

스펜겐버그 교수[17]는 다이어트 환자들을 두 그룹으로 나누어 연구를 진행했습니다. 한 그룹은 전문가가 3개월간의 운동 방식 및 식단을 제공하고 처방전을 내렸습니다. 그러나 다른 한 그룹에게는 처방전 대신 전문가가 환자에게 질문을 통해 스스로 결정할 수 있도록 기회를 주었습니다. "어떻게 하면 다이어트가 될까요?"라는 질문을 받은 실험 대상자들은 곰곰이 생각하며 본인의 상황들을 얘기하기 시작했습니다. "제가 평일에는 야근이 너무 많습니다. 그래서 매일 운동하기는 어렵습니다. 때문에 매일하기보다는 이틀에 하루 3시간 동안 한꺼번에 운동하는 방식이 저한테 적합할 것 같습니다.", "식단을 조절해야 되는데 사실 제가 고기를 굉장히 좋아합니다. 고기를 갑자기 끊으면 스트레스를 받을 것 같아요. 고기를 완전히 끊기보다는 일주일에 한 번만 고기를 먹는 것으로 양을 줄일게요. 대신 튀김은 당분간 먹지 않겠습니다."

3개월 후 연구가 종료되었을 때 전문가에 의해 꼼꼼한 처방을

---

17 스펜겐버그(Esther M. Sternberg): 워싱턴주립대학교 교수를 거쳐 1986년부터 26년간 미국국립보건원과 국립보건원 산하 국립정신보건원에서 재직했다. 지금은 애리조나 주립대학교의 앤드루웨일 통합의학센터 연구소장과 '장소, 웰빙 및 성과 연구소' 설립 소장을 맡고 있으며, 같은 대학 의학 및 심리학과 겸직교수로 재직 중이다. 지은 책으로 『내면으로부터의 균형(Balance Within)』이 있다.

3개월간의 운동 방식 및 식단 제공   VS   "어떻게 하면 다이어트가 될까요?"

받은 실험그룹보다 "어떻게 하면 다이어트가 될까요?"라는 질문에 스스로 답을 했던 실험그룹의 다이어트가 더 성공적이었습니다.

인간의 동기는 내면의 목소리에 큰 영향을 받습니다. 바로 '자기결정성'[18] 때문입니다. 우리는 스스로 결정한 것을 더 잘 실행합니다. 구성원이 변화된 행동을 보이길 기대한다면 처방전을 내리기보다는 '질문'을 통해 스스로 결정할 수 있도록 돕는 것이 더 효과적인 방법입니다.

---

[18]   자기결정성 이론(自起決定性理論, Self-determination theory, SDT): 에드워드 데시(Edward Deci, 1942년~)와 리차드 라이언(Richard Ryan, 1953~)이 1975년 개인들이 어떤 활동을 내재적인 이유와 외재적인 이유에 의해 참여하게 되었을 때 발생하는 결과는 전혀 다른 결과가 나타남을 바탕으로 수립한 이론을 일컫는다.

질문에 '답'을 하지 않는 사람들!

에피소드

리더십 교육에서 질문의 효과에 대해 알게 된 X는 앞으로는 '지시' 방식보다는 '질문'을 통해 상대가 스스로 답을 찾도록 해야겠다는 다짐을 합니다. 구성원을 대화에 참여시키고 상대방이 주도하는 대화를 하고 싶었던 X는 신나해 프로에게 질문을 던져 보았습니다.

X 신나해 프로, 어떻게 하면 일이 순조롭게 진행될까요?

신나해 프로 잘 모르겠는데요.

X (뭐야, 질문을 하면 답이 나온다더니 질문을 해도 대답이 시원찮군, 괜한 짓을 하느라 시간만 낭비했어)

누군가에게 질문을 했을 때 대답을 안 하거나 못하는 상대를 만나보신 적은 없으신가요? 질문을 하면 '답'이 나온다고 하는데, 질문을 해도 답을 하지 않는 사람이 있습니다. 당신도 누군가의 질문에 답변을 못했거나 안 했던 경험이 있을 겁니다. 당신도 그랬다면 그 이유를 살펴보아야 합니다. 질문이 명확하지 않았을 수도 있고, 그 일에 대한 지식과 경험이 부족하기 때문일 수도 있습니다. 혹은 대답하지 않겠다고 마음을 먹었기 때문일 수도 있습니다. 질문을 할 때는 상대의 직무 성숙도[24]와 심리적 성숙도[25]를 고려해야 합니다. 업무에 대한 직무 성숙도기 낮으면 대답을 하고 싶어도 아는 것이 없어 답을 하지 못합니다. 반면 일에 대한 전문성은 있지만 심리적으로 불안하거나 질문하는 사람에게 반감을 가지고 있다면 대답을 못하는 것이 아니라 하지 않는 것입니다.

가짜 질문이 아닌 진짜 질문을 하라!

X 김소심 프로, 이 계획이 말이 된다고 생각해요?

김소심 프로 (……)

"이 계획이 말이 된다고 생각해요?"라는 문장 뒤에 물음표가 붙었습니다. 그리고 문장 끝의 억양이 올라간다면 마치 '질문'을 하는 것처럼 보입니다. 그러나 사실 이것은 질문이 아니라 '질책'입니다. "이 계획은 말이 안 돼! 계획을 이런 식으로 세우지 마"라는 뜻이 내포되어 있습니다. 그 때문에 상대는 '이건 질문이 아니잖아! 지금 나를 야단치는구나!'라고 해석하게 되고, 답변을 하기 보다는 입을 다물어 버릴 것입니다.

---

19 직무성숙도: 주어진 과업이나 활동을 완성하는데 필요한 유능성(지식, 능력 등)을 말한다.
20 심리적성숙도: 주어진 과업이나 활동을 완성하는데 필요한 헌신성(의지, 동기유발 등)을 말한다.

우리는 평소에 질문을 가장한 질책을 많이 접해왔습니다. 이러한 방식은 상대의 변명을 유발합니다. '저는 그럴 수밖에 없었어요. 왜냐하면⋯⋯', '저만 그런 게 아닌데 왜 저한테만 뭐라고 하세요.' 등의 표현을 들은 적이 있다면 평소 자신이 어떻게 질문을 하고 있는지 되돌아보아야 합니다. 질문인 척 가장한 '질타'와 '재촉'을 하고 있다면 이제 가짜 질문을 버리고 진짜 질문을 해야 합니다.

'어째서 일이 아직도 진행되지 않는 거죠?'는 일이 잘 진행되지 않고 있는 것에 대한 답답함과 질타가 내포되어 있습니다. 일의 진

질문인 척 가장한 질타와 재촉	진짜 질문
• 어째서 일이 아직도 진행되지 않은 거죠?	• 어떻게 하면 일이 순조롭게 진행될까요?
• 왜 그걸 아직도 하지 않았죠?	• 지금 어디까지 진행되었나요?
• 뭐가 문제죠?	• 무엇을 확실히 하면 이 문제가 해결될까요?
• 어째서 이 지경이 되도록 대책을 세우지 않았죠?	• 이 상황을 해결하기 위해 가장 필요한 대책은 무엇인가요?
• 금요일 오전 10시까지 할 수 있죠?	• 언제 다시 이야기할 수 있을까요?
• 우리가 합의한 대로 진행해도 될까요?	• 이 아이디어에 대해 어떻게 생각하세요?

척이 원활하지 못하거나, 실패했을 때 필요한 것은 성찰입니다. 이 과정을 통해 과거의 실패를 교훈삼아 미래를 바꿔야 합니다. 즉, "어떻게 하면 일이 순조롭게 진행될까요?"와 같은 진짜 질문을 통해 상대의 사고(思考)를 넓히는 것이 필요합니다.

질문을 가정한 질타 혹은 재촉이 아니라 진짜 질문을 하려면 우리가 어떻게 해야 할까요? 첫째, 호기심을 가지고 '순수한 질문'해야 합니다. 이미 답을 정해 놓은 상태에서 '내가 정해 놓은 답을 맞춰봐'식의 의도를 지니게 되면 상대는 귀신같이 알아차리고 당신이 원하는 답에 맞춰 대답을 합니다.

둘째, 진짜 질문은 목적이 명확해야 합니다. 정보 수집이나 궁금증을 해소하기 위한 질문은 상대를 위한 것이 아니라 '나'를 위한 질문입니다. 진짜 질문은 상대가 자신이 가진 문제를 해결할 수 있도록 '목적 지향적'이어야 합니다.

셋째, '예' 또는 '아니오' 중에 하나를 선택하는 것이 아니라, 스스로 생각을 확장할 수 있도록 '열린 질문'을 사용하는 것이 필요합니다.

넷째, 다양한 관점을 고려해 볼 수 있도록 '확장형 질문'을 해야합니다. 상대가 다양한 측면을 고려해, 해답을 탐색할 수 있도록 돕는 질문이어야 합니다.

마지막으로, '통제 가능한 것에 초점을 맞춘 질문'이어야 합니다. 상대가 통제할 수 있는 것에 초점을 맞춰 질문을 해야 대화가 엉뚱한 방향으로 흘러가는 것을 막을 수 있습니다.

지금까지 당신의 리더십을 되돌아보고, 앞으로 내가 원하는 리더십 발휘를 위해 어떤 변화가 필요한지 생각해 봅시다.

Stop: 해야 한다고 생각했지만, 실천하지 않은 것은 무엇인가?

_____

_____

_____

_____

Think: 실천을 미루고 있는 이유는 무엇인가?

_____

_____

_____

_____

💡 Action: 지금 당장 할 수 있는 것은 무엇인가? 누구에게, 언제부터, 어떻게 시작할 것인가?

_____

_____

_____

_____

💡 Result: 실천해 본 소감은? (한 달 후 작성해 봅시다)

_____

_____

_____

_____

5 다섯 번째 스킬, 진심 어린 피드백

"역사상 알려진 유일하고도 확실한 학습 방법은 피드백이다."

—피터 드러커(Peter Ferdinand Drucker)[21]

피드백은 언제 해야 할까요?

다들 기다리는데 한 명이 오지 않아 회의를 시작하지 못한 경험이 있으신가요? 정해진 규정과 절차가 있음에도 자기 방식을 고집하며 일하는 사람 때문에 곤란했던 적은요? 매번 일정을 준수하지 못하는 사람 때문에 전체 프로젝트 일정에 차질이 발생했던 적은 없었나요? 다른 사람의 발언을 무시하거나 고압적인 태도로 협업을 망치는 친구를 보며 답답함을 느꼈던 적은요? 이런 상황들이

---

21 피터 드러커(Peter Ferdinand Drucker): 미국의 작가이자 경영학자로 스스로는 "사회생태학자(social ecologist)"라고 불렀다. 1959년에 그는 지식 노동자라는 개념을 고안하였는데 말년의 그는 다음 세대 경영에서의 지식 노동의 생산성에 대해 고찰하였다.

생긴다면 리더는 솔직한 피드백을 할 것인지 그냥 넘어갈 것인지 선택을 해야 합니다.

'한두 번 정도인데 그냥 넘어가지, 뭐!' 하며 모른 척하기도 합니다. 그러나 반복되면 참고 참았던 것이 한꺼번에 터져 나와 버립니다. 평소에는 그냥 넘어가다 어느 순간 한꺼번에 몰아서 피드백을 하면 상대방은 '지난번에는 아무 말도 하지 않았는데 왜 이번에만 이걸 문제 삼지?'라고 의문을 가집니다. 그리고 '본인의 기분이 안 좋으니까 나한테 화풀이하는 거 아냐?'라며 자신한테 유리한 쪽으로 해석하게 됩니다. 또 시간이 지난 후 피드백을 하면 누군가의 기억은 미화되어 있고, 누군가의 기억은 보정되어 있습니다. 이렇게 서로의 기억이 다른 상태에서 피드백을 하면 오해와 갈등이 생깁니다. 때문에 가장 좋은 피드백 시점은 바람직하지 않은 결과가 나타난 상태, 혹은 그런 행동을 보인 '즉시'가 적합합니다. 리더는 피드백을 미루면 안 됩니다. 불편하더라도 용기를 내서 솔직한 피드백을 해야 합니다. 그것이 리더의 역할이고, 그것이 구성원의 성장을 돕는 방법입니다.

X의 에피소드

X   왜 약속을 매번 안 지키지?

변명해 프로   (침묵) …….

X   내가 자네를 못 믿는 건 다 자네 탓이야!

변명해 프로   (침묵) …….

약속을 지키지 않는 후배에게 피드백을 했지만, 그의 행동에 변화가 없었다면 내가 어떻게 피드백하고 있는지 되돌아봐야 합니다. 상대가 약속을 여러 번 지키지 않았다면 마땅히 피드백을 해야 합니다. 그런데 위의 사례처럼 피드백한다면 변화가 없는 것은 어쩌면 당연할지도 모릅니다.

위의 에피소드에서 '왜'는 어떤 의미로 사용된 것일까요? 일반적으로 '왜'라는 단어는 이유와 원인을 확인할 때 사용하는 강력한 단어입니다. 그런데 경우에 따라 '왜'는 '왜 그랬어?'라는 질타의 의미가 담겨지기도 합니다. '매번'이라는 표현도 애매합니다. '매번'은 몇 번일까요? 열 번 중에 열 번? 아니면 열 번 중에 다섯 번? 아니면 열 번 중에 한두 번? 여러 번 반복적으로 약속을 지키지 않았다는 뜻으로 사용된 것을 맥락상 이해할 수는 있지만, 피드백을 받는 사람의 입장은 위기의 상황을 모면하고 싶어 합니다. 그래서

본질을 벗어나 대화의 초점을 엉뚱하게 바꾸려고 시도할 수 있습니다. "제가 언제 매번 그랬나요. 딱 두 번밖에 안 됩니다"라는 식입니다. 또 '내가 자네를 못 믿는 건 바로 다 자네 탓이야'는 어떤가요? '당신이 나에게 신뢰를 주지 못했기 때문'이라는 메시지를 듬뿍 담아 상대를 '탓'하고 있습니다. 이런 단어들로 이루어진 메시지를 받으면 상대는 어떤 기분이 들까요? 본인이 왜 약속을 지킬 수 없었는지 구구절절이 변명을 하게 됩니다. 또 리더가 자신을 믿어주지 않고 있다며 억울함을 호소할 수도 있습니다.

리더는 질책과 피드백을 구분해야 합니다. 질책은 들으면 기분이 상합니다. 그리고 이렇게 생긴 부정적 감정은 관계를 훼손하고 갈등을 유발합니다. '기분이 상하지만 그래도 맞는 말이야'라는 생각이 들어야 진심어린 솔직한 피드백이라고 할 수 있습니다.

피드백이란 상대방의 성장을 돕기 위해 바람직하지 않거나 기준에 미치지 못하는 행동이나 결과에 대해 솔직하게 표명함으로써 상대방의 변화를 돕는 리더십 스킬입니다. 하지만 누군가로부터 변화를 요구받으면 마음이 불편해지는 건 당연한 일입니다. 그리고 부정적 감정이 생기면 상대의 요구가 옳더라도 왠지 거부하고 싶어집니다. 피드백을 받은 구성원이 행동 변화를 선택하도록 돕고 싶다면 피드백을 할 때 감정을 훼손하지 않도록 주의해야 하며, 진심을 담아 감정을 전해야 합니다.

X의 에피소드

X 주저해 프로, 오늘 오전까지 요청한 데이터 분석 건은 어떻게 되고 있나요?

주저해 프로 저… 아직 하고 있습니다. 시간을 좀 더 주시면 분석해서 보고드리겠습니다.

X 데이터 분석 건이 완료되지 않으면, 분석 보고서를 작성할 수가 없습니다. 아직 진행 중이라니, 많이 당황스럽네요. 더 늦어지면 후행 업무를 처리해야 하는 다른 팀원들의 일정에도 문제가 발생하고, 이로 인해 전체 프로젝트 일정도 지연될 수 있습니다. 앞으로는 기한 내 완수가 어려울 경우 최소 이틀 전에 상황을 저에게 보고해 주세요. 그래야 대책을 함께 세울 수 있습니다.

"너 때문이야! 네가 일정 준수를 안 하니 내가 너를 못 믿는 거야!"는 주어가 '너'로 시작됩니다. 이렇게 피드백을 하면 상대는 자신이 공격을 받는다고 느끼게 됩니다. 사람은 공격을 받으면 방어를 하게 되고, 이로 인해 행동 변화를 기대하기 어려워집니다. 상대의 변화를 돕고 싶다면 솔직한 진심을 전해야 합니다.

진심을 전하려면 먼저, 구체적인 사실이나 행동을 언급하고, 나의 느낌과 감정을 전달합니다. 예를 들어 "오늘 오전까지 분석 결과 넘겨 달라고 했는데, 제가 아직 전달을 못 받았습니다. 주저해 프로가 분석 결과를 제때 넘겨주지 않으니 많이 당황스럽고 조바심이 납니다"와 같이, 피드백을 해야 하는 상황 속에서 리더가 어떤 감정과 느낌이 드는지 상대에게 담백하게 전해야 합니다. 느낌과 감정을 표현하면 오히려 차분해져 감정적으로 공격하는 것을 멈출 수 있습니다. 그런 다음, 부정적인 행동이 '나' 또는 '우리'에게 미칠 영향을 상세히 설명해야 합니다. 예를 들어 "더 늦어진다면 다음에 분석 결과를 처리해야 하는 다른 팀원들의 일정에도 문제가 발생하고 이로 인해 전체 프로젝트 일정도 지연될 수 있습니다. 또한 주저해 프로의 이미지에도 안 좋은 영향을 미치게 됩니다"와 같이 자신뿐만 아니라 타인 또는 전체에 미칠 영향을 전달해 사안의 심각성을 객관적으로 인식할 수 있도록 도와야 합니다. 마지막으로, 지시가 아닌 요청을 통해 기대사항과 행동 변화를 요구해야 합니다. 예를 들어, "앞으로는 합의된 일정을 반드시 지켜

주세요, 기한 내 완수가 어려울 때는 최소 이틀 전에 저에게 상황을 공유해 주십시오. 그래야 함께 대책을 세울 수 있습니다"와 같은 표현이 적합합니다.

생각해
봅시다

지금까지 당신의 리더십을 되돌아보고, 앞으로 내가 원하는 리더십 발휘를 위해 어떤 변화가 필요한지 생각해 봅시다.

Stop: 해야 한다고 생각했지만, 실천하지 않은 것은 무엇인가?

_____

_____

_____

_____

Think: 실천을 미루고 있는 이유는 무엇인가?

_____

_____

_____

_____

Action: 지금 당장 할 수 있는 것은 무엇인가? 누구에게, 언제부터, 어떻게 시작할 것인가?

Result: 실천해 본 소감은? (한 달 후 작성해 봅시다)

3

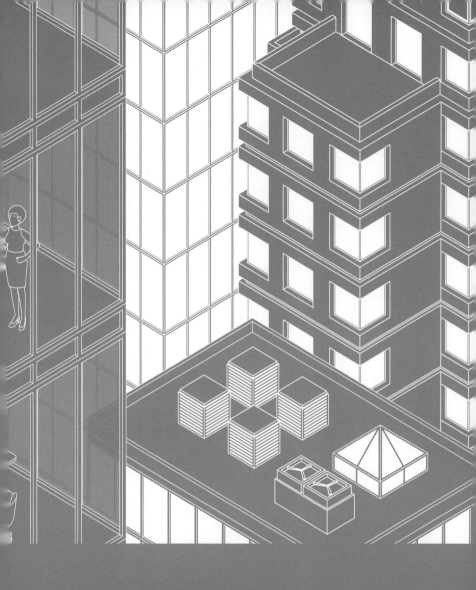

누구나 따라할 수 있는
부드럽고
솔직한 대화

칼 융(Carl Jung)[1]은 "두 사람의 만남은 두 화학 물질의 접촉과 같다. 반응이 있으면 둘 다 변형된다"고 했습니다. 만남이 있어야 접촉이 있고, 접촉에 반응하면 양쪽 모두 변화가 생기게 됩니다. 리더십은 누군가를 만나고, 상대와 접촉하여 양쪽 모두에게 변화가 생기는 과정입니다. 그 과정의 시작은 바로 '대화'입니다.

명언

"대화는 당신이 배울 수 있는 기술이다. 그건 자전거 타는 법을 배우거나 타이핑을 배우는 것과 같다. 만약 당신이 그것을 연습하려는 의지가 있다면 당신의 삶의 모든 부분의 질을 급격하게 향상시킬 수 있다."

—브라이언 트레이시(Brian Tracy)[2]

1 칼 융(Carl Jung): 스위스 정신과 의사이자 분석심리학의 창시자

1 대화의 효과를 높이기 위해 알아둬야 할 것들

대화도 다 '때'가 있다

구성원과 대화를 하려고 합니다. 다음 중 어느 때 하는 것이 가장 효과적일까요?

- 그(녀)가 프로젝트에 성공한 때
- 그(녀)가 프로젝트에 실패했을 때
- 지극히 평범할 때

상당수의 리더들이 '지극히 평범할 때'에 대화를 많이 합니다. 이때가 상대에게 마음의 여유가 있어, 신경이 예민하지 않을 때라

---

2 브라이언 트레이시(Brian Tracy): 세계적인 비즈니스 컨설턴트, 전문 연설가, 베스트 셀러 작가인 브라이언 트레이시는 글로벌 컨설팅 기업의 CEO이기도 하다. 그는 불우한 가정에서 태어나 고등학교를 중퇴한 뒤, 뒤늦게 공부를 시작해 MBA를 취득했으며, 경영학 박사 학위를 받았다. 자신의 회사를 설립하기 전까지 세일즈, 마케팅, 투자, 부동산 개발, 경영 컨설팅 등 20여 개의 분야에서 수많은 성공신화를 탄생시켰다.

고 판단하기 때문입니다. 하지만 '지극히 평범한 때'는 오히려 적극적으로 상대가 대화에 참여할 가능성이 가장 희박할 때입니다.

여러 연구에 의하면 사람은 자신이 기분이 좋을 때, 마음이 긍정적이고 개방적이 되어 관대한 마음이 된다고 합니다. 그리고 어떤 일에 죄책감을 느끼면 다른 좋을 일을 함으로써 그 죄책감을 상쇄하려는 경향을 보이는 것으로 나타났습니다.[3] 즉, 지극히 평범할 때 대화를 하기보다는 프로젝트의 성공 또는 실패 후에 하는 것이 대화의 몰입도를 훨씬 더 높일 수 있습니다.

구성원이 프로젝트에 성공한 이후의 대화는, 다른 어느 때보다 훨씬 자연스럽고 활기찹니다. 이때 리더는 추진한 프로젝트의 성공을 축하하며 다양한 주제로 대화를 나눌 수 있습니다.

첫째, 프로젝트 성공에 대한 소감을 나눌 필요가 있습니다. 프로젝트 성공으로 기분이 좋고 긍정적인 상태이므로, 프로젝트 참여 경험과 다양한 성찰을 이야기할 것입니다. 그렇다면 리더는 '적극적 경청'을 통해 상대방을 좀 더 깊이 있게 이해할 수 있고, 궁극적으로 상대와의 신뢰를 형성할 수 있습니다.

둘째, 프로젝트 목표와 성과에 대한 성찰을 나눌 수 있습니다. 어떻게 목표를 달성했는지, 구체적인 성과는 무엇인지 점검하는 과

3   폴커 키츠, 마누엘 투쉬, 『사람의 마음을 사로잡는 51가지 심리학』, 포레스트북스, 2022. p.191-192.

정에서 리더는 구성원이 가진 잠재력과 강점을 발견할 수 있으며, '인정'을 통해 열정을 불러일으키고, 동기를 부여할 수 있습니다.

셋째, 프로젝트를 통해 배운 것을 성찰하고, 이를 통해 성장의 기회를 제공할 수 있습니다. 잘한 것과 아쉬운 것은 무엇인지, 향후 자신의 성장을 위해 성공 경험을 어떻게 활용할 것인지 구체적인 방법을 식별하도록 도울 수 있습니다.

구성원이 프로젝트에 실패한 이후의 대화는, 다른 어느 때보다 차분하고 진중하게 진행될 것입니다. 이때는 다음과 같은 주제로 대화를 나눌 수 있습니다.

첫째, 프로젝트 실패에 대한 원인을 점검할 수 있습니다. 계획이 부실하였을 수도 있고, 리소스가 부족하였을 수도 있습니다. 또는 협력하는 과정에 갈등이 발생하였을 수도 있을 겁니다. 당사자가 생각하는 실패의 원인을 열린 마음으로 '경청'하며 솔직한 대화를 나눌 수 있습니다.

둘째, 실패가 재발하지 않도록 앞으로 어떻게 다르게 수행할 것인지에 대해 논의할 수 있습니다. 기존의 방식을 평가하고, 예상치 못한 장애물이 무엇이었는지 점검하고, 새로운 아이디어를 도출하여 실패가 디딤돌이 되도록 성장을 지원해야 합니다.

셋째, 프로젝트 실패가 개인, 팀, 이해관계자 및 조직 전체에 미치는 영향을 함께 검토할 수 있습니다. 실패 비용, 팀 사기 저하, 조직 평판 저하 등을 어떻게 극복할 것이며, 이를 위해 필요한 변화

가 무엇인지 탐색하고, 진심 어린 피드백을 통해 행동 변화를 요구
해야 합니다.

지극히 평범한 상황에서도 물론 리더는 구성원과 대화해야 합니
다. 그러나 업무적 성공 또는 실패가 발생한 순간이야말로 대화를
통해 리더십을 발휘해야 하는 가장 중요한 순간임을 명심해야 합
니다.

가까이 다가가면, 더 멀어지는 그대

X의 에피소드

X는 회사에서 쌓인 스트레스를 동기들과의 회식으로 풀었습니
다. 회식의 안줏거리는 늘 '상사 뒷담화'였습니다. 그날도 X는 팀
장의 지적질에 대해 억울함을 호소하고 있었습니다. 그런데 X의
이야기를 듣던 동기가 이해할 수 없다는 표정을 지었습니다.

X   도대체 이놈의 회사는 팀장들이 하나 같이 리더십이 없어.
열심히 해서 보고하면 늘 트집이나 잡고, 삽질이나 시키지, 이러
니 회사가 발전을 못하지.

신나해 프로   정말? 우리 팀장님은 안 그런데. 난 팀장님 존경해!
나도 나중에 그런 팀장이 될 거야!

'팀장을 존경한다?' 그날부터 X는 동기가 존경한다고 말한 팀장에게 관심을 가지게 되었습니다. '어떻게 후배들에게 존경을 받는 거지?' 궁금하던 차에 협조 결재를 받기 위해 그 팀장을 찾아가게 되었습니다. 쭈뼛거리는 X를 보며 '어서 오라'는 손짓을 보내고, 다가가자 의자를 하나 내어주었습니다. 그리고는 '수고했어요'라며 서류에 싸인한 결재판을 돌려주었습니다. 그냥 되돌아올 수도 있었지만, X는 호기심이 발동했습니다. 그래서 용기를 내서 물었습니다.

X 팀장님, 팀원들이 팀장님을 존경한다고 하던데, 팀원들의 존경을 받는 비결이 뭔가요?

성숙해 팀장 그래요? 팀원이 저를 존경한다고 말했다고요? 음, 그랬다면 아마도 자리에 앉아 팀원들을 기다리기보다는, 도움이 필요한 팀원에게 '제가 먼저 찾아가서 도움을 주자'는 저만의 리더십 철학 때문일 듯싶네요. 저는 평소에 일부러 여기저기 돌아다니며 도움이 필요한 팀원이 없는지 확인하곤 합니다. 그래서일까요?

X는 대수롭지 않게 대답한 성숙해 팀장의 말을 새겨들었습니다. 그리고 팀장이 된 X는 성숙해 팀장이 그랬던 것처럼 후배가 있는 자리로 먼저 찾아갔습니다. 그리고 그들에게 가서 기꺼이 도움을 줄 의사가 있음을 표현했습니다. "내가 뭐 도와줄 일 없을까요?",

"뭐 하고 있어요? 힘들일 있으면 언제든 말해요?", "아, 지난번에 지시한 일 하고 있군요. 이건 제가 예전에 해봤는데, 먼저 구조를 논리적으로 잡고 시작해야 삽질을 하지 않을 수 있어요. 어떻게 해야 하는지 상세히 알려줄게요." 하지만 후배들의 표정은 반가워 보이지 않았습니다. 오히려 불편해하는 것처럼 보였습니다. 도대체 왜 그런 걸까요? 보고 배운 대로 열심히 노력하는데, 왜 통하지 않을까요?

미국의 인류학자 에드워드 홀[4]은 사람과 사람 사이의 거리에 따른 인간관계를 4가지 영역으로 구분했습니다.

첫 번째 영역은 '친밀한 거리'로 서로의 숨결을 느낄 수 있는 만큼의 거리를 말합니다. 이 거리가 가능한 사람들은 매우 친밀한 유대관계가 전제되어야 합니다. 그렇지 않은 사람이 이 거리로 들어오면 불쾌감과 거부감이 야기됩니다.

두 번째 영역은 '개인적 거리'입니다. 손을 뻗으면 닿을 수 있을 정도의 거리를 말합니다. 소위 말하는 '사적인 공간'의 범주에 해당합니다. 친구 또는 가깝게 지내는 사람들과 전형적으로 유지하

---

4 에드워드 홀(Edward Twitchell Hall, Jr.): 미국의 문화인류학자로, 1942년 컬럼비아 대학에서 박사학위를 취득했다. 1959~63년까지는 '워싱턴 정신의학교'에서 커뮤니케이션 연구 프로젝트를 지도했다. 덴버 대학 인류학과 주임교수를 비롯해, 베닝턴 칼리지 교수, 하버드 비즈니스 스쿨 교수, 국립과학아카데미 건축연구자문위원회의 위원을 역임했다. 통문화적 커뮤니케이션 분야의 뛰어난 업적으로 세계적인 인정을 받은 홀은 수많은 기업과 정부기관의 컨설턴트로 활약했다.

는 거리입니다. 이 공간에 있는 사람들은 어느 정도의 격식과 비격식의 관계를 넘나듭니다. 너무 가깝지도, 그렇다고 너무 멀지도 않는 거리입니다. 사회에서 만나는 사람과 개인적 거리까지 좁히는 것은 쉬운 일은 아닙니다. 그러나 좋은 관계를 맺으려면 개인적 거리까지 확보해야 합니다.

세 번째 영역은 '사회적 거리'입니다. 회의테이블을 사이에 둔 거리라고 할 수 있으며 사회적인 영역에 속하는 거리입니다. 업무상 미팅이나 인터뷰 등의 공식적인 상호작용을 할 때 필요한 거리를 말합니다. 일반적으로 사회생활을 하면서 맺게 되는 수많은 관계가 여기에 속합니다.

네 번째 영역은 '공적 거리'입니다. 무대 위의 공연자와 객석에 앉은 관객 사이의 거리입니다. 보통 공연이나 강의를 할 때 이 정도 거리를 둬야 관객이나 청중도 제대로 집중할 수 있습니다.

위의 4가지 거리 영역에서 리더와 구성원의 사이는 '사회적 거리'로 시작됩니다. 함께 하는 동안 '개인적 거리'까지 좁혀지기도, 경우에 따라 '사회적 거리'보다도 멀어지기도 합니다. 사회적 거리로 시작한 직장 상사가 갑자기 개인적 거리 안으로 불쑥 들어오면 어떨까요? 사람들은 대체로 자신이 생각하는 상대와의 심리적 거리보다 더 가깝게 누군가가 다가오면 우선 방어 자세를 취합니다. 만약 누군가 방어 자세를 취한다면 더 가깝게 가려 하기보다는 한 발짝 물러나는 것이 현명합니다. 스스로를 보호하기 위해 거리를

두고 있음을 이해하고 상대방이 편하게 생각하는 거리를 유지해야
합니다. 그런 다음 공감대를 형성하고 서로 이해할 수 있는 여러
상황을 만들어 가며 조금씩 거리를 좁혀가야 합니다. 그러나 대부
분의 사람들은 한번 다가가기로 마음을 먹으면 웬만해서는 포기하
지 않습니다. 아직 마음의 준비가 되어 있지 않은 상대방은 누군가
가 자신의 공간을 침범하면 엄청난 스트레스를 받습니다.

구성원과의 대화가 좀 더 효과적으로 진행되기를 원한다면 첫
째, 상대와의 거리를 고려해야 합니다. 가벼운 대화도 있고 격식
있는 대화도 있습니다. 가벼운 대화는 개인적 거리에서 할 수도 있
지만, 격식 있는 대화는 사회적 거리를 준수하는 것이 좋습니다.
물론 가벼운 대화도 상대방이 불편해한다면 사회적 거리를 유지
하는 것이 필요합니다. 둘째, 나의 공간을 상대에게 먼저 개방해야
합니다. 구성원들이 언제든지 접근할 수 있도록 파티션을 낮추고,
보조 의자를 준비하는 등 오픈된 공간으로 만드는 것이 좋습니다.
격식 있는 피드백은 회의실을 이용하고, 가벼운 대화는 사무실에
서 수시로 할 수 있도록 개방된 환경을 조성해야 합니다. 이를 위
해 리더의 공간부터 대화하기 편하게 개방해야 합니다. 마지막으
로, 대화는 페이스 투 페이스로 해야 합니다. 문자, 이메일, SNS 등
다양한 수단을 통해 소통이 가능합니다. 그러나 이러한 수단을 활
용하는 것은 대화를 위한 사전 작업일 뿐입니다. 사무실에서 근무
하는 상황이라면 직접 대면해서 대화하는 것이 좋습니다. 만약, 재

택 상황이라면 전화보다는 화상을 이용해 대화하는 것이 서로의 거리를 좁히고, 대화 내용을 상대에게 제대로 전달할 수 있는 방법이 됩니다.

"퍼스널 스페이스는 단순히 물리적 거리를 의미하지 않는다. 마음의 거리다"

—에드워드 홀

2 대화에도 공식이 있다

준비 없이 대화를 시작하면 실패할 위험성이 높아집니다. '이런 상황에서는 이렇게 대화해야겠다'라고 생각하는 나름의 계획을 미리 준비하는 것이 필요합니다. 물론 준비한 것이 무용지물이 되는 상황은 실전에서 비일비재합니다. 그럼에도 준비 없이 대화하는 것과 준비된 상황에서 예상치 못한 상황에 대응하는 것은 차원이 다릅니다. 리더는 대화에 앞서 준비가 필요합니다. 그럼, 무엇을, 어떻게 준비해야 할까요?

일명 수포자(수학을 포기한 자)가 있습니다. 수학의 기본기가 없는 상태에서, 남들이 선행학습을 한다고 똑같이 따라 하다 보면 영락없이 수포자가 됩니다. 수포자는 문제 풀이 보다는 개념 이해에 좀 더 충실해야 합니다. 이와 마찬가지로 리더도 대화를 할 때 개념부터 충실해야 합니다. 그리고 수학에서 공식을 익히는 것이 도움이 되듯이, 대화에서도 공식을 익히는 것이 필요합니다. 물론 공식으로 모든 상황을 다 해결할 수 있는 없습니다. 그러나 공식을 익히고 개념을 충실히 하면 좀 더 쉽게 해답에 접근할 수 있습니다.

리더십을 발휘한다는 것은 결국 구성원과 소통하는 과정입니다. 리더의 대화는 목적이 없는 일상의 대화와 달리, 목적지향 대화여야 합니다. 목적을 달성하는 대화가 되기 위해서는 4단계의 프로세스가 필요합니다. 이 4단계의 프로세스를 순차적으로 밟아 나간다면 누구나 부드럽고 솔직한 대화를 훌륭히 해낼 수 있습니다.

1단계	2단계	3단계	4단계
주제와 목표 합의	현재 상황 점검	가능한 대안 탐색	실행의지 확인

1단계. 대화의 주제와 목표를 합의하라

① 가짜 주제가 아니라 진짜 주제를 찾아라

worst 사례

X   어서 와요. 변명해 프로, 요즘 어떤가요?

변명해 프로   동료들한테 불편한 소리를 들어 기분이 좋지 않습니다.

X   어떤 이야기를 들었는데 불편했나요?

변명해 프로   제가 회의를 독점한다며, 말이 너무 많다고 하더라고요.

X 그렇군요. 그럼, 오늘 대화는 회의를 독점하지 않고 민주적으로 진행하는 것에 대해 이야기해 봅시다.

변명해 프로   저는 회의를 독점하지 않았습니다. 그들이 말을 안한 겁니다. 제가 아니라 그들은 좀 더 주도적으로 회의에 참여해야 한다고요.

X 그건, 변명해 프로 생각인 거죠? 팀원들은 변명해 프로가 독점한다고 말하고 있고, 팀장인 제 생각에도 그런 측면이 있다고 생각해요.

변명해 프로   네? 팀장님도 그렇게 생각하신다구요?

X 네, 회의할 때 보면 변명해 프로가 혼자 회의를 독점하더군요. 전 우리 팀 회의가 좀 더 민주적이었으면 합니다. 앞으로는 회의를 독점하지 않고 다른 사람들의 의견을 경청해 줬으면 합니다. 그래서 모두가 참여하는 회의가 되었으면 해요.

변명해 프로   네, 팀장님.

X는 386세대 상사들로부터 '이것(What) 좀 해봐!'라는 지시를 받곤 했습니다. 이러한 경험은 X가 리더가 되어 후배에게 리더십을 발휘할 때 그대로 복제되어 나타납니다. 바로 '이것(What)'으로 업무 지시를 하는 것입니다. 그런데 M세대는 무엇을(What), 어떻게(How) 보다는 '왜(Why)'에 관심이 있다는 것을 기억해야 합니다. 일에 대한 '의미'와 '가치'를 중요하게 생각하는 M세대에게는 본인이 관심 있는 주제인지, 아니면 조직 또는 상사로부터 정해진 주

제인지에 따라 대화의 참여도와 몰입도가 달라집니다. 대화의 주제는 본인의 관심사로부터 출발하는 것이 바람직합니다. 이를 위해서는 '일방적 제시'가 아니라 '상호 합의'를 통해 대화 주제를 정하는 것이 좋습니다.

목표는 2가지 유형이 있습니다. 회피 목표와 접근 목표입니다. 회피 목표는 부정적인 결과나 경험을 피하거나 방지하는 데 초점을 맞추는 목표입니다. 실패, 피해 또는 부정적인 결과를 피하려는 욕구에 의해 동기 부여되는 목표를 말합니다. 금전적 손실을 피하거나, 사고나 부상을 예방하거나, 법적 분쟁을 피하기 위해 목표를 설정하는 것이 회피 목표입니다.

반면 접근 목표는 긍정적인 결과나 경험을 얻는 것. 성공, 성장 또는 긍정적인 결과를 추구하려는 욕구에 의해 동기 부여되는 목표입니다. 수익 증대, 특정 비즈니스 목표 달성 또는 고객 만족도 향상 등이 접근 목표입니다.

회피 목표와 접근 목표의 주요 차이점은 회피 목표는 부정적인 결과를 피하는 데 초점을 맞추고 접근 목표는 긍정적인 결과를 달성하는 데 중점을 둡니다. 두 가지 유형의 목표가 서로 다른 맥락에서 중요할 수 있지만, 연구에 따르면 주로 회피 목표에 초점을 맞추는 개인과 조직은 접근 목표에 초점을 두는 개인이나 조직에 비해 스트레스, 불안, 성과 저하와 같은 부정적인 결과를 경험할 가능성이 높은 것으로 나타났습니다. 이러한 이유로 구성원과의 대화에서 목표를 설정할 때는 회피 목표가 아닌 접근 목표로 설정하는 것이 좋습니다.

접근동기와 회피동기에 심리학 실험

사회 심리학자인 앤드류 J. 엘리엇(Andrew J. Elliot)[5]는 2000년대 초반부터 접근 및 회피 동기에 대한 광범위한 연구를 수행했습니다. 엘리엇의 연구 방법은 접근 및 회피 동기가 행동 및 인지의 다양한 측면에 어떻게 영향을 미치는지 조사하기 위해 실험 및 설문조사를 수행하는 것이었습니다.

예를 들어, 한 연구에서 엘리엇과 그의 동료들은 자기 보고 설문지를 사용하여 참가자들의 접근 동기와 회피 동기를 측정한 다음 도전적인 작업을 완료하도록 요청했습니다. 그 결과 접근 동기가 높은 참가자가 접근 동기가 낮은 참가자보다 작업을 더 잘 수행하고 더 긍정적인 감정을 경험한다는 것이 확인되었습니다. 마찬가지로 회피 동기가 높은 참가자는 회피 동기가 낮은 참가자보다 작업 수행이 더 나빴고 부정적인 감정을 더 많이 경험했습니다.

---

5 앤드류 J. 엘리엇(Andrew J. Elliot): University of Rochester의 심리학 교수. 그는 대학에서 심리학과 인지과학 분야를 가르치고 있으며, 인간의 동기와 정서, 그리고 인지적 프로세스 등을 연구하고 있다.

엘리엇은 또한 접근 및 회피 동기의 기본 인지 프로세스를 조사하기 위한 실험을 수행했습니다. 예를 들어, 한 연구에서 그는 참가자들에게 단어를 기억하도록 요청했습니다. 그 결과 접근 동기가 높은 참가자는 부정적인 단어보다 긍정적인 단어를 더 잘 기억하는 반면, 회피 동기가 높은 참가자는 긍정적인 단어보다 부정적인 단어를 더 잘 기억하는 경향이 있음을 발견했습니다.

엘리엇과 그의 동료들은 추가로 MRI와 같은 뇌 영상 기술을 사용하여 연구를 수행했습니다. 그 결과 접근 동기가 높은 참가자는 긍정적인 자극을 볼 때 뇌의 보상 센터에서 더 큰 활성화를 보인 반면, 회피 동기가 높은 참가자는 부정적인 자극을 볼 때 뇌의 위협 센터에서 더 큰 활성화를 보이는 것으로 나타났습니다.

② 진짜 주제를 찾아 목표를 합의하라

best 사례

X 어서 와요. 주도해 프로, 요즘 어떤가요?

주도해 프로 동료들한테 불편한 소리를 들어 기분이 좋지 않습니다.

X 어떤 이야기를 들었는데 불편했나요?

주도해 프로 제가 회의를 독점한다며, 말이 너무 많다고 하더라고요.

X   회의를 독점한다고 하는 동료들의 말에 불편했군요.

주도해 프로   사실, 저는 너무 억울해요. 제가 말을 많이 하는 게 아니라, 그들이 안 하는 겁니다. 회의시간에 다들 꿀 먹은 벙어리 마냥 앉아있을 뿐이에요. 본인들이 말 안 하는 건 생각도 안 하고, 열심히 회의에 참여하는 저 보고 말이 많다고 미디어 간 사이가 없습니다. 그들은 좀 더 주도적으로 회의에 참여할 필요가 있어요.

X   동료들의 피드백에 동의하지 못하시는군요. 그렇다면 어떤 회의가 되면 좋을까요?

주도해 프로   저는 팀원들이 모두 주도적으로 회의에 참여했으면 좋겠어요. 참여한 멤버 모두가 회의에 공헌을 하구요.

X   팀원들이 주도적으로 참여하고 공헌하는 회의는 어떤 모습일까요?

주도해 프로   팀원들이 스스로 공헌하고 있다는 것에 뿌듯해 하겠죠.

X   현재 상황과, 앞으로 변화하고 싶은 회의의 모습을 다시 정리해서 표현해 볼까요?

주도해 프로   음… 지금은 독점하는 회의, 앞으로는 모두가 참여하는 협력적인 회의요.

X   '모두가 참여하는 협력적인 회의', 이렇게 표현해 보니 어떤가요?

주도해 프로   좋은데요. 제가 원하는 게 바로 그런 회의예요. 어떻게 하면 그렇게 될 수 있을까요?

X   주도해 프로가 원하는 '협력적인 회의'에 대해 좀 더 깊이 이야기해 나눠볼까요?

주도해 프로   좋습니다. 팀장님, '협력적인 회의'에 대해 이야기해보고 싶어요.

상대의 이야기를 적극적으로 경청하면 상대가 어떤 대화를 하고 싶은지 파악할 수 있습니다. 상대가 원하는 대화 주제가 수면 위로 올라올 수 있도록 경청을 통해 심리적 안전감[6]을 형성해야 합니다. 그런 다음, 대화의 주제와 목표 합의가 진행되어야 합니다.

앞서 기술한 바와 같이 M세대는 자신의 가치를 실현하고 자신의 관심사를 중요하게 생각하는 세대입니다. 이들은 대화가 의미 없다고 느껴지면 대화에 집중하지 않는 모습을 보이기도 합니다. 때문에 M세대와 대화를 할 때는 주제와 목표를 합의하여 대화의 의미를 찾을 수 있도록 하여 내재적 동기를 강화해야 합니다.

심리학자 에드워드 데시(Edward Deci)와 리차드 라이언(Richard Ryan)은 1975년 개인들이 어떤 활동을 내재적인 이유와 외재적인

---

6   심리적 안전감: 하버드 경영대학원 종신교수인 에이미 에드먼드슨은 그의 저서 『두려움 없는 조직』에서 '심리적 안전감'이란 구성원이 업무와 관련해 그 어떤 의견을 제기해도 벌을 받거나 보복을 당하지 않을 거라고 믿는 조직 환경이라고 정의하였다.

이유에 의해 참여하게 되었을 때, 발생하는 결과는 전혀 다르다는 것을 바탕으로 자기결정성이론(Self-Determinism Theory)을 정립하였습니다. 자기결정성이론은 인간의 행동 동기에 초점을 맞춘 이론입니다. 자기결정이론을 구성하는 4개의 미니 이론으로는 인지적 평가이론, 유기체 통합 이론, 인과 지향성 이론, 기본 심리 욕구 이론이 있습니다. 4개의 미니 이론 중 인지적 평가이론에 의하면 내재적 동기는 인간은 3가지 기본적인 욕구인 자율성, 유능성, 관계성의 만족을 통해 높일 수 있습니다.

첫째, 자율성을 충족시키려면 목표를 설정할 때 개인이 추구하는 목표에 대한 선택권과 통제권을 부여하는 것이 중요합니다. 이를 위해서는 자신에게 의미 있고, 자신과 관련된 목표를 설정하고, 목표를 달성하기 위해 취하는 행동을 자신이 스스로 선택할 수 있도록 해야 합니다. 자율성이 충족되면 적극적인 행동 촉진으로 내재적 동기가 높아집니다.

둘째, 유능성을 충족시키려면 목표를 설정할 때 역량 수준을 고려하는 것이 필요합니다. 너무 쉽거나 너무 어려운 목표는 지루함이나 좌절감을 유발하고 이는 내재적 동기를 감소시킵니다. 도전적이지만 달성 가능한 목표를 설정하면 숙련도와 성취감을 촉진하여 내재적 동기가 높아집니다.

마지막으로 관계성을 충족시키려면 목표를 설정할 때 타인과의 유대감과 소속감을 증진할 필요가 있습니다. 협업 및 팀워크를 포함하거나 더 큰 사회적 또는 그룹의 목표에 기여하도록 하는 것이 해당됩니다. 이를 통해 공유된 목적과 유대감이 촉진되며 내재적 동기가 높아집니다.

대화의 주제는 구성원의 관심사로부터 출발해야 합니다. 자신이 원하는 주제로 대화를 하면 구성원은 스스로 의미를 부여하고, 대화에 몰입합니다. 그리고 이 과정에서 주제에 대한 목표를 설정할 때는 자율성, 유능성, 관계성을 고려한 목표 합의를 통해 구성원의 내재적 동기가 강화될 수 있도록 해야 합니다.

③ 진짜 주제를 찾고, 목표 설정을 도와주는 질문들

"어떤 주제로 오늘 함께 이야기 나누고 싶으세요?", "이번 대화에서 당신이 얻고 싶은 것은 무엇입니까?", "이 주제를 생각하게 된 계기는 뭐가 있을까요?", "○○을 달성하고 싶다고 하셨는데 그것이 당신에게는 어떤 의미가 있습니까?", "지금까지 여러 가지 현안 이슈들을 말씀하셨는데요. 그중에서 가장 중요한 것, 한 가지를 뽑아본다면 무엇입니까?" 등이 바로 진짜 주제를 찾을 때 도움을 주는 질문들입니다.

주제가 명확해졌다면 목표 수준을 합의해야 합니다. 본인이 생각하는 주제가 무엇인지 스스로 생각할 수 있도록 했다면, 그다음은 어떠한 모습으로 이루어지기를 기대하는지를 명확히 하여 목표를 구체적으로 합의하는 것이 필요합니다. 아래는 진짜 대화 주제를 찾는 것과, 목표 설정을 도울 수 있는 질문 예시입니다.

질문 예시

- 어떤 주제로 이야기 나누고 싶습니까?
- 앞으로 일어나길 바라는 것은 무엇입니까?
- 이번 대화에서 당신이 이루고 싶은 것이 있다면 무엇입니까?
- 구체적으로 이루고자 하는 바는 무엇입니까?
- 당신에게 진정으로 중요한 것은 무엇입니까?
- 이 주제를 생각하게 된 계기가 무엇입니까?
- 그 목표가 당신에게 어떤 의미가 있습니까?
- 이번 대화에서 어떤 결과를 얻으면 유익한 시간이 되었다는 느낌을 받을 수 있을까요?
- 이야기한 것들 중에서 가장 중요한 것은 무엇입니까?
- 목표를 한 문장으로 표현해 볼까요?

2단계. 현재 상황을 점검하라

① 현상과 원인은 다르다. 현상이 아닌 원인을 찾아라

worst 사례

X 현재 상황은 어때요?

변명해 프로 팀원들은 제가 회의를 독점하고 있다고 말해요.

X   혼자 회의를 독점하고 있는 게 문제군요. 앞으로는 말을 좀 줄여보세요. 그리고 경청도 하세요.

변명해 프로   아무도 말을 하지 않아요. 제가 말이 많은 게 아니라 그들이 말을 안 하는 겁니다. 그래서 경청할 것이 없어요. 그들이 말을 해야 제가 경청을 하죠. 그들이 말을 한다면 저도 경청할 겁니다.

'현재 상황 어때요?'라고 질문을 하면 어떤 사람들은 넋두리를 시작합니다. "제가요 그러려고 그런 것이 아닌데요"라는 표현부터, "실제로 그것은 제가 문제가 아니라 ○○이 문제입니다. ○○ 때문에 문제가 발생하고 있거든요!"라며 신세 한탄을 합니다. 남 탓과 자신에 대한 변명과 넋두리를 늘어놓기 시작하면, 현재 상황은 점점 불명확해지고 복잡해집니다. 이러한 상황에 빠지지 않기 위해서는 리더가 대화를 좀 더 명확하게 이끌어야 합니다.

best 사례

X   그럼 지금은 회의가 어떻게 진행되고 있나요?

주도해 프로   아무도 말을 하지 않기 때문에 제가 계속 말을 하고 있죠. 회의 목표를 달성해야 하니까요.

X   회의 목표를 달성하기 위해 주도해 프로가 계속 말을 할 수밖에 없었겠군요. 그렇다면, 다른 팀원들이 말을 안 하는 이유는 뭘까요?

주도해 프로 글쎄요. 아이디어가 없거나 의견이 없는 거겠죠. 그들은 주도적이지 않거든요.

X 팀원들이 주도적이지 않다고 생각하시는군요. 그들은 항상 그런가요?

주도해 프로 항상 그런 건 아니에요. 그러고 보니 주도적일 때도 있는데 그렇지 않을 때도 있었네요.

X 주도적일 때와 그렇지 않을 때가 있다고 하셨는데, 그럼 언제 주도적이고, 어떤 경우는 그렇지 않은가요?

주도해 프로 본인들의 업무나 관심 있는 일에 있어서는 주도적으로 참여해요. 그런데 관심 없는 일이나 본인의 일이 아니라고 생각할 때는 입을 다물어 버리는 거 같아요.

X 회의 장면으로 돌아와서, 팀원들이 회의에 주도적으로 참여하지 않는 이유는 뭘까요?

주도해 프로 팀원들이 회의 목적에 공감하지 못한 거 같아요. 저는 회의 목표를 달성해야 하다 보니 아이디어를 요청했는데, 아무도 이야기하는 사람이 없기에 떠오른 생각들이 사라지기 전에 계속 말을 했거든요. 지금 생각해 보니 제가 그들이 회의에 참여할 때까지 기다려 주지 못했네요.

현황을 점검하고 파악할 때 우리가 자주 놓치는 것이 있습니다. 바로 바람직하지 않아 보이거나, 탐탁지 못한 현상을 바로 제거하려고 하는 겁니다. 원인은 다른 곳에 있는데 눈에 보이는 현상(증상)만 제거하게 되면 궁극의 목표 달성은 요원해집니다. 때문에 현상과 원인을 구분하고 근본 원인이 어디에 있는지 확인하는 것이 필요합니다.

② 아는 것(Knowing)과 하는 것(Doing)은 다르다

현실점검 단계에서 리더가 해야 하는 것 중 하나는 상대가 '하고 있는 것과, 하지 않고 있는 것'을 구분할 수 있도록 돕는 것입니다. 경우에 따라 사람들은 자신이 알고 있다면, 하고 있지 않아도 실천하고 있다고 착각합니다. 알고 있는 것과, 하고 있는 일을 구분하지 못하는 것이 이상하게 보일 수도 있지만 이러한 현상은 일반적입니다. 만약, 구성원이 이러한 상태라면 다음과 같이 접근할 필요가 있습니다.

첫째, 이 현상이 발생하는 특정한 상황이나 영역이 있는지 확인하기 위해 적극적으로 경청을 해야 합니다. 경청을 해야 근본 원인을 제대로 파악하고 식별할 수 있습니다.

둘째, 명료한 질문을 통해 상대에게 자신이 무슨 행동을 하고 있는지 확인해야 합니다. 그 행동이 진짜 일어났는지, 해야 한다고 생각하고 있는 것인지 스스로 점검할 수 있는 질문이 필요합니다. 그리고 만약, 해야 한다고 생각하고 있으나, 하고 있지 않다면, 이런 불일치가 일어나는 원인은 어디에 있는지 점검해야 합니다.

셋째, 리더로서 구성원에게 진심 어린 피드백을 해야 합니다. 이러한 현상이 발생하는 이유에 대한 통찰력을 제공하고 이를 해결하는 방법에 대해 구성원에게 제안할 필요가 있습니다.

마지막으로 '알고 있는 것'을 '하고 있다'고 오해한 부분에 대해 명확히 하고, 하지 않고 있는 행동을 어떻게 할 것인지 행동 계획을 수립하도록 요청해야 합니다.

이 같은 접근을 위해서 리더는 구성원이 현실을 객관적으로 점검할 수 있도록 대화를 이끌어야 합니다. "목표를 달성하기 위해서 지금까지 직접 해본 것은 무엇입니까?", "주변에서는 어떤 이야기가 들립니까?", "주변 사람들의 이야기를 듣고 나는 무엇을 했습니까?", "알고 있지만, 아직 못하고 있는 것은 무엇입니까?" 등의 질문은 현재 상황을 객관적으로 점검할 수 있도록 해줍니다.

③ 현실을 넘어, 인식의 확장을 돕는 질문들

"지금 이러한 상태가 계속된다면, 앞으로는 어떻게 될까요?", "만약에 고객이라면 지금 상황에서 우리에게 어떤 기대를 할까요?", "내가 경영진이라면 이 문제에 대해서 어떤 의사 결정을 내릴까요?", "우리의 경쟁자는 이런 문제에 당면하면 어떻게 처리할까요?" 등의 질문은 현재 상황에서 벗어나 시야를 좀 더 넓힐 수 있도록 돕는 질문들입니다.

질문 예시

- 목표 대비 현재 수준은 어떤가요?

- 그 목표를 위해 지금까지 어떤 시도를 하셨나요?

- 그 목표가 이루어진다면 어떤 느낌일까요?

- 업무 수행 과정에서 어떤 일들이 일어났나요?

- 무엇 때문에 이러한 상황이 생기는 걸까요?

- 그러한 일들은 얼마나 자주 발생합니까?

- 그것을 위해 어떤 노력을 해오고 있습니까?

- 가능하다면 좀 더 자세히 이야기해 주시겠습니까?

- 성공에 필요하다고 보는 것과 당신의 행동과는 어떤 차이가 있습니까?

- 이 상태가 계속된다면 어떤 상황이 될까요?

- 당신이 사장(또는 경영진)이라면 어떤 결정을 해야 할까요?

- 이 같은 현안에 대해 경쟁사는 어떻게 처리할까요?

- 그 목표가 달성되었을 때 당신과 팀은 어떤 이점을 가질 수 있습니까?

- 앞으로 1년 후 당신의 삶이 어떻게 달라지기를 원하십니까?

3단계. 가능한 대안을 탐색하라

① 다양한 대안을 탐색할 때는 '질'보다 '양'이어야 한다

worst 사례

X　경청한다고 했는데, 어떻게 경청을 믿겨죠!

변명해 프로　상대가 말한 내용을 다이어리에 정리해 보겠습니다.

X　상대와 눈도 맞추고, 고개도 끄덕여야 합니다. 다이어리에 내용을 정리하고 있으면 눈을 맞출 수가 없어요.

변명해 프로　아… 그렇군요. 그럼 어떻게 경청해야 하나요?

대안 도출 단계에서 절대하지 말아야 하는 것이 상대의 아이디어를 평가하는 것입니다. 많은 아이디어가 나와야 그 아이디어들 중에서 목표 달성을 위해 가장 적합한 대안을 선별할 수 있습니다. 아이디어가 나올 때, 리더가 자주 하는 실수 중 하나는 아이디어의 실현 가능성에 대해 언급하는 겁니다. "이건 규정상 문제가 될 것 같은데요", "그것은 예산이 많이 들어요", "아이디어가 너무 평범하네요. 다른 아이디어는 없나요?", "그건 잘못된 방식입니다. 이렇게 해보세요"와 같은 평가는 상대의 창의력을 떨어뜨리고 의존성과 반발심을 높일 뿐입니다.

best 사례

X　독점에서 협력적 미팅으로 가기 위해서는 어떤 일이 일어나

야 할까요?

주도해 프로 모든 사람이 말을 하고 제가 말을 좀 줄여야 하겠죠. 사람들에게 말할 것에 대해 생각할 시간을 주고 제 자신에게도 그들의 얘기를 들을 시간을 갖는 거죠.

X 나는 말을 줄이고, 상대에게는 말한 시간을 주고, 그들이 얘기를 하면 듣겠다는 거군요.

주도해 프로 예

X 그 밖에는요?

주도해 프로 회의 그라운드 룰을 만들어야겠어요.

X 아~ 그라운드 룰이요. 좋네요.

주도해 프로 그리고 사람들로부터 제 행동이 어땠는지 들어보는 것도 좋을 것 같고요.

X 말 줄이기, 상대에게 말할 시간 주고, 경청하기, 그라운드룰 정하기, 피드백 받기, 그밖에 어떤 것들이 효과가 있을까요?

주도해 프로 음… 회의 시작할 때 다른 사람들에게 제게 제안할 것이 있는지 질문을 하겠습니다.

X 그럼, 다음 회의 때 그걸 위해 어떤 구체적인 행동을 취할 건가요?

주도해 프로 한두 사람으로부터 내 행동이 어땠는지 피드백을 받고, 팀원들이 참가하는 미팅을 만들고, 미팅 전에 그라운드 룰을 정하고, 제안을 요청하고,

X 앞에 말씀하셨던 경청은?

주도해 프로 말하는 것을 멈추고 다른 사람이 무엇을 말하는지를 듣겠습니다.

X 어떻게 말하는 것을 멈추시겠습니까?

주도해 프로 그건 사실 저에게 무척 힘든 일인데요. 어떻게 하죠? 제가 원래 경청은 못 해요.

X 과거에 이와 같은 상황이 있었나요?

주도해 프로 여자친구랑 처음 만났을 때요. 그때는 의식적으로 말을 줄이고, 그녀의 이야기를 들으려고 마음을 먹었죠. 그래서 계속 그녀가 하는 말을 주의 깊게 듣고 리액션을 했죠.

X 결과는 어땠죠?

주도해 프로 좋았어요. 그녀에 대해 좀 더 깊이 알게 되었고 사귀게 되었죠.

X 그 방법을 미팅에 적용할 수 있을까요?

주도해 프로 해 보겠습니다.

대안을 탐색할 때는 최대한 많이 생각할 수 있도록 돕는 것이 중요합니다. 대안이 많으면 많을수록 가장 효과적인 대안을 선택할 기회가 늘어납니다. 이를 위해 최대한 목표와 관련해 실행할 수 있는 대안이 많이 창출될 수 있도록 분위기를 조성해야 합니다. 아이디어가 나올 때마다 실행 가능성이나 통제 가능성, 또는 실행상의 장애 요인은 없는지 점검해서는 안 됩니다. 아이디어에 대해 평가를 받게 되면, 현실적인 아이디어 또는 지금까지 해 봤던 안정적인 아이디어 위주로 생각을 좁힐 위험성이 존재하기 때문입니다.

　다양한 아이디어를 도출할 수 있도록 돕기 위해서는 아래와 같은 질문들을 활용하면 좋습니다.

질문 유형	특징	예시
만약 (What if)	가상의 시나리오를 탐색하고 새로운 가능성을 고려하는 데 도움이 됩니다	• 수익성과 고객 만족도를 모두 높이기 위해 비즈니스 모델을 완전히 재설계한다면 어떻게 할 수 있을까요? • 최신 기술을 활용하여 운영을 간소화하고 비용을 절감할 수 있다면 어떨까요? • 신제품을 개발할 수 있는 자원이 무한하다면 어떻게 해볼래요? • 사무실 공간을 완전히 재설계하여 생산성을 최적화할 수 있다면 어떻게 할래요?
무엇 (What)	창의적으로 생각하고 광범위한 아이디어를 도출하는데 도움이 됩니다	• 어떠한 변화가 필요한가요? • 기존 상품 또는 서비스를 개선할 수 있는 방법은 무엇입니까? • 목표 시장에 어필할 수 있는 신제품(새로운 서비스)은 무엇입니까?
이유 (Why)	문제나 과제의 근본적인 원인을 밝히는 데 도움을 주어 새로운 솔루션을 찾는데 도움이 됩니다	• 매출이 감소하는 이유는 무엇일까요? • 구성원의 사기가 떨어지는 이유는 무엇일까요?
어떻게 (How)	문제나 도전에 대한 실용적인 해결책에 대해 브레인스토밍할 수 있도록 도움이 됩니다	• 어떻게 이 문제를 해결할 수 있을까요? • 회사에서 탄소 배출량을 어떻게 줄일 수 있습니까? • 팀 커뮤니케이션과 협업을 어떻게 하면 개선할 수 있을까요?
누구 (Who)	목표 달성에 도움을 줄 수 있는 잠재적인 파트너 또는 이해관계자를 식별하는 데 도움이 됩니다	• 우리가 새 프로젝트에서 협력할 수 있는 전문가는 누구입니까? • 신제품으로 타겟팅 할 수 있는 잠재 고객은 누구입니까?

　이러한 유형의 질문은 문제나 과제를 해결하기 위한 다양한 아

이디어를 생성하는 데 도움이 됩니다.

② To-be와 As-is 사이의 Gap을 제거하라!

대안은 최대한 많이 도출해야 합니다. 아이디어가 많으면 많을수록 좋다는 뜻입니다. 그래야 그중에서 목표 달성에 가장 효과적인 것을 선택하고, 적합하지 않은 것은 제거할 수 있습니다. 대안 도출이 끝나면 도출된 대안들을 서로 비교해 보고 실현 가능성이 떨어지는 것과 통제 불가능한 것을 제거합니다. 창의적인 아이디어란 새로운 것, 처음 들어보는 것이 아닙니다. GAP을 제거 또는 개선할 수 있는 아이디어가 가장 창의적인 것입니다. 대안을 최종적으로 채택할 때는 아래의 제시된 5가지 기준을 고려해야 합니다.

첫째, 목표가 무엇이었는지, 무엇을 달성하려고 했었는지 점검하는 것이 가장 우선되어야 합니다. 즉, 좋아 보이는 아이디어가 아니라 목표 달성에 효과적인 아이디어인지 점검해야 한다는 뜻입니다.

둘째, 아이디어의 실행 가능성을 평가해야 합니다. 아무리 훌륭한 아이디어일지라도 실행 가능성이 떨어지면 제거해야 합니다. 여기서 실행 가능성이란 자원을 의미합니다. 한정된 자원(시간, 비용 등)을 고려할 때 실행 가능성이 떨어진다면 제거해야 합니다.

셋째, 단기적 목표 달성뿐만 아니라 조직의 장기적 목표(미션과 비전)를 달성하는 데 도움이 되는 아이디어인지 고려할 필요가 있습니다. 대안을 실행했을 때 단기적 목표뿐만 아니라 장기적 목표까지 달성할 수 있다면 우선 채택 대상입니다.

넷째, 이해관계자나 고객의 의견을 수렴할 필요가 있습니다. 이해관계자나 고객의 기대에 얼마나 부응하는지 혹, 수용하기 어려운 아이디어는 아닌지 점검해야 합니다.

마지막으로, 위의 4가지 기준으로 각 아이디어를 평가한 후 잠재적인 영향과 실행 가능성에 따라 우선순위를 정해야 합니다.

요약하면 처음에는 목표와 현재 사이에 Gap을 개선 또는 제거할 수 있는 다양한 아이디어는 무엇인지 제한하지 말고, 창의적으로 접근해야 합니다. 그리고 그 과정에서 대화 상대가 소수의 아이디어만 제시하며 소극적으로 대응한다면, 좀 더 아이디어를 적극적으로 도출할 수 있도록 질문하여 최대한 많은 생각들을 도출할 수 있도록 장을 마련해 주는 게 좋습니다. 이를 통해서 아이디어가 어느 정도 확보되었다면, 그다음에는 목표 달성에 가장 효과적인 아이디어는 어떤 것들이 있는지 '선택'과 '제거'를 잘할 수 있도록 추가 질문을 활용하는 것이 필요합니다.

예를 들어, "가장 먼저 실행할 대안 하나를 선택한다면 어떤 대안이 가장 목표 달성에 도움이 될까요?", "지금 말씀하셨던 대안들을 가지고 직접 실행을 해볼 텐데 그렇다면 어떤 순서로 진행한다면 우리가 달성하려고 하는 목표에 더 적합한 진행 순서가 될까요?"와 같은 질문이 도움이 됩니다. 만약, 목표(To-be)에 대한 부분을 인식하지 못한 상태에서, 대안을 선택하게 되면 현실에 맞춰 대안이 채택될 위험성이 존재합니다. 때문에 목표를 인식하고 대안을 선택해야 함을 놓치지 말아야 합니다.

③ 대안 창출을 돕는 질문들

대안을 창출할 때는 현실의 벽에 막혀 실행 가능성 중심으로 대안을 도출하는 한계가 극복될 수 있도록 다양한 탐색 질문이 필요합니다. 그리고 스스로 해답을 찾고 실행할 때 필요한 지원이나 사람이 있다면 이에 대한 탐색도 포함해야 합니다. "구성원 누군가에게 도움이 필요하다면 어떤 사람들이 도와줄 수 있을까요?", "혹시 이 과정에서 제가 도움을 줄 수 있는 부분들은 어떤 것이 있을까요?" 등의 질문은 적극적으로 대안 탐색을 돕는 질문들입니다. 그 밖에도 아래의 질문들을 활용하면 도움이 됩니다.

질문 예시

- 목표를 이룰 수 있는 방법으로는 어떠한 것들이 있을까요?
- 그 외에 또 다른 방법은 무엇입니까?
- 당신이 상황을 변화시키기 위해 할 수 있는 것은 무엇입니까?
- 비슷한 상황에서 다른 사람들이 사용했던 해결책이나 행동은 어떤 것들이 있었나요?
- 지금까지 한 번도 시도해 보지 않았지만 새롭게 시도해 볼 수

있는 방법은 무엇입니까?

- 누가 도움을 줄 수 있습니까?

- 당신은 어떤 대안에 관심이 있습니까?

- 각 대안에 대한 실용성을 1에서 10등급으로 평가한다면…

- 가장 먼저 실행할 대안 하나를 선택한다면?

- 어떤 순서로 실천하는 것이 가장 바람직할까요?

4단계. 실행 의지를 확인하라

① 자신의 입을 통해 직접 말해야 실행력이 올라간다

worst 사례

X 이제 대화를 정리해 볼까요? 앞으로 독점적인 회의가 아니라 협력적 회의를 하고 싶다고 했죠? 맞나요?

변명해 프로 예

X 그래서 경청을 하겠다고 했구요?

변명해 프로 예

X 그럼, 앞으로 협력적인 회의를 이끄는 모습 기대할게요.

변명해 프로 아, 예

대화의 마지막은 선택한 대안을 어떻게 실행할지에 대한 의지를 점검하고 동기를 부여하는 단계입니다. 일반적으로 1~3단계가 원활하게 진행이 되었다면 4단계는 자연스럽게 정리됩니다. 그런데 이때 놓치면 안 되는 아주 중요한 것이 있습니다. "지금까지 얘기했던 거 이해했죠?", "이렇게 하겠다고 했는데 맞죠?", "알았죠?" 등의 표현으로 마무리를 하는 것입니다. 혹은 리더가 일방적으로 정리 및 피드백하며 대화를 마무리하는 것입니다. 이러한 마무리는 구성원을 수동적으로 만들고, 동기를 떨어뜨려 자발성과 실행력을 낮추는 요인이 됩니다.

best 사례

X 실행 계획이 성공적으로 진행되고 있다는 것을 어떻게 알 수 있을까요?

주도해 프로 우선은 다른 사람이 말하고 있을 때는 말하지 않고 지켜보겠습니다.

X 좋습니다. 구체적이군요. 어떻게 하면 회의를 독점하는 걸 멈출 수 있을까요?

주도해 프로 제 머릿속에는 항상 많은 아이디어가 가득 차 있어요. 저는 그것을 쏟아내고 싶죠.

X 아이디어는 매우 중요하죠. 아이디어를 잃어버리지 않기 위해 무엇을 할 수 있죠?

주도해 프로 메모를 해야겠어요.

X 다른 사람이 말하고 있을 때 아이디어가 떠오른다면 메모를 해두겠다는 거군요. 좋은 방법입니다. 지금까지의 대화에서 배

운 것 혹은 발견한 것 중에 가장 중요한 게 있다면 무엇일까요?

주도해 프로　저는 다른 사람들이 하는 말과 제 자신과 행동에 대해 생각해 볼 필요가 있는 것 같아요. 다른 사람이 말을 안 하면 회의에 기여를 하지 않는다고 생각했어요. 하지만 앞으로는 그렇게 생각하기보다 그것에 관해 무언가를 해야 합니다. 미팅의 그라운드 룰을 세우고, 팀원들이 이야기할 수 있도록 기다려 주고, 경청하고, 다른 사람들의 피드백을 받아보고 그런 것이 저 자신을 보는 방법이겠죠.

X　훌륭합니다. 생각의 전환이 있었던 것에 대해 축하해 주고 싶네요. 가능성이 전혀 없어 보이는 상황에서 뭔가 달라질 수 있다는 가능성을 발견한 건 주도해 프로가 스스로 얻어낸 성취입니다.

주도해 프로　저는 팀의 성과에 많은 기여를 하고 싶어요.

X　팀의 성과에 많은 기여를 하고 싶은 주도해 프로의 진심을 알게 되었고, 도울 수 있어 기쁩니다.

옷을 입을 때 첫 단추를 제대로 채우는 것이 중요하듯, 마지막 단추를 제대로 채워 마무리하는 것도 중요합니다. 대화의 마지막 단계는 대화 상대가 스스로 실행계획을 수립하고, 그 실행 의지를 직접 말로 언급하도록 하는 것이 핵심입니다. 머릿속으로 생각하는 것보다는 직접 입으로 생각을 표현해야 내재적 동기가 높아집니다. 지금까지 나눈 대화를 정리해서 요약하고, 현장으로 돌아가서 어떤 순서로 어떻게 실행할 것인지 구성원이 스스로 정리하도록 요청해야 합니다.

마지막 단계에서 금기시되는 것은 "지금까지 내가 했던 말 기억하시죠?' 또는 "지금까지 얘기했던 것들을 들어가시 한번 열심히 해보세요"라며 리더가 단독으로 대화를 마무리하는 겁니다. 이러한 마무리는 지금까지 쌓은 공든 탑을 모두 무너뜨릴 위험성이 있습니다. 대화를 하다 보면 내가 이해한 것과, 다른 사람이 이해한 것의 차이가 있기도 합니다. 또 나의 기억과 상대의 기억이 다르기도 합니다. 따라서 마지막 단계에서 나의 기억을 전달하는 게 아니라, 상대가 기억하는 것이 무엇인지를 확인해야 합니다. 이를 위해서는 "기억하시죠?" 또는 "이해하셨죠?"라고 하지 말고, 본인이 스스로 이 대화의 전체를 요약할 수 있도록 기회를 주는 게 좋습니다. 이를 통해 서로의 이해와 기억이 같은지 점검하고, 누락되거나 왜곡된 부분은 없는지 확인해야 합니다.

② 의지와 행동은 다르다. 실행만이 행동이다

대화를 나누다 보면, 상대의 실행의지가 올라가는 것을 느낄 수가 있습니다. 다양한 대안을 도출하고, 어떻게 실행할 것인지 구체적으로 언급하며 바로 실행할 것처럼 목소리 톤도 높아집니다. 그러나 의지와 행동 변화는 다릅니다. 진짜 행동만이 결과를 만들어 냅니다. 때문에 의지가 행동으로 연결되기 위해서는 지금까지의 내용을 당사자가 직접 말로 정리하도록 하여 자유의지를 높여줄 필요가 있습니다. 자유의지는 외부 요인에 의해 미리 결정되지 않고, 스스로 선택과 행동을 취하는 개인의 능력을 의미합니다. 연구에 따르면 자유의지를 믿는 개인은 자신의 결정을 행동으로 실천할 가능성이 훨씬 더 높습니다. 때문에 대화의 마지막은 의지를 가지고 있는 상태에서 머무는 것이 아니라 스스로 선택한 행동을 자유의지를 가지고 실천할 수 있도록 도와야 합니다.

"방금 전에 얘기했던 대안들을 단계적으로 추진한다면, 어떤 단계들이 필요하다고 하셨죠?", "지금 당장 실천한다면, 가장 먼저 뭐부터 해보실 겁니까?", "지금까지 얘기하셨던 것들을 한번 정리해서 얘기해 주시겠습니까?", "오늘 대화에서 가장 기억에 남는 것은 무엇입니까?" 등의 질문은 대화 종료 단계에서 지금까지 나눈 대화를 되돌아보고, 현장으로 돌아가서, 즉각적으로 무엇을 해야 되는지를 명확하게 인지할 수 있도록 정리해 줍니다. 만약 '열심히 들었고 좋은 얘기 했구나!'라고 생각하고 돌아간다면, 실천의지는 높으나 행동으로 연결하지 않을 수 있습니다. '행동하지 않는 이상은 허황된 공상'에 지나지 않습니다. 공상이 아닌 현실이 될 수 있도록 대화를 마무리하는 것이 중요합니다.

③ 실행력을 높이는 질문들

대화의 마무리 단계에는 실행력을 높이는 질문을 해야 합니다.

상대가 스스로 대화의 내용을 정리하고, 현장에 돌아가서 무엇을 실천해야 하는지 정리하며 실천 의지를 다지고, 의지에서 그치는 것이 아니라 구체적 행동 변화를 도울 수 있어야 합니다. 이를 돕는 질문으로는 아래와 같은 것들이 있습니다.

질문 예시

- 그 방안을 추진한다면 어떤 단계들이 필요할까요?
- 그 계획을 실행할 때, 언제 무엇부터 어떤 순서로 진행할 예정입니까?
- 지금 당장 실천한다면 가장 먼저 무엇을 해보시겠습니까?
- 성공했다고 판단할 수 있는 구체적인 기준들은 무엇인가요?
- 실행하는데 예상되는 어려운 점은 무엇입니까?
- 그 행동을 언제 시작해서 언제 마치려고 합니까?
- 어느 정도의 실행 의지를 갖고 있는지 1~10까지의 수치로 실행 의지를 나타내 보세요.
- 실행 의지를 10에 가깝게 올리기 위해 당신은 무엇을 하거나 바꿀 수 있나요?
- 제가 실천 여부를 어떻게 확인할 수 있을까요?
- 목표 달성 후 느낌 또는 기분은 어떨 것 같나요?
- 오늘 대화에서 무엇이 가장 기억에 남습니까?
- 오늘 세션을 요약해 주시겠습니까?

4

일터에서의
실전 대화

1 실전 상황, 이럴 때는 어떻게?

지금까지 학습한 내용을 실전 상황에서 어떻게 응용할 수 있는지 다양한 케이스를 살펴보겠습니다.

리더의 대화는 상황에 따라 달라야 한다

대화가 필요한 순간은 매우 다양합니다. 일상에서 정보를 수집하거나 교환하기 위해 또는 지시나 지침을 제공하기 위해 대화가 필요합니다. 이런 대화를 일반 대화라고 합니다. 반면 일반 대화보다 좀 더 체계적이고 목표 지향적으로 대화를 해야 하는 경우도 있습니다. 즉 대화 주제가 구성원이 가진 목표를 달성하도록 돕는 데 있고 그 과정에서 구성원의 인식과 행동의 변화에 초점을 두고 있다면 좀 더 체계적인 대화가 필요합니다. 경청, 인정, 질문, 피드백 등의 리더십 스킬과 대화 프로세스를 통해 구성원이 자신의 생각과 감정을 스스로 탐구하고, 장애물을 극복할 수 있도록 전략적으

로 접근해야 합니다. 그리고 이러한 유형의 대화를 성장 대화라고
합니다.

구분	일반 대화	성장 대화
주도	• 리더	• 구성원
초점	• 정보수집 및 교환 • 지시나 지침 제공	• 대화 주제에 대한 구성원의 인식과 행동
방식	• 지시적	• 경청, 인정, 질문, 피드백 등의 스킬 활용
특징	• 프로세스가 없음	• 프로세스가 있음 대화 프로세스에 따른 순서가 있지만, 경우에 따라 자연스런 대화 흐름 속에서 순서가 바뀔 수 있음

일반 대화는 주로 고민을 가지고 있는 구성원에게 리더가 자신
이 가진 지식과 경험을 토대로 아이디어와 가이드를 주는 형태로
진행됩니다. 반면, 성장 대화는 리더가 구성원의 인식과 행동 변화
를 위해 상대 중심으로 대화하는 형태를 말합니다. 경청, 인정, 질
문, 피드백 등이 사용되고, 대화를 함에 있어 순서가 존재합니다.
순서에 따라 대화를 하다 보면 대화의 목적과 목표가 명확해지고,
목표 달성을 위해 현실을 객관적으로 점검하게 됩니다. 다양한 대
안 탐색 과정과, 목표를 달성할 수 있도록 구체적인 실행 계획을
수립하게 됩니다. 물론 상황에 따라 대화 프로세스에 따른 순서는
자연스럽게 바뀌기도 합니다.

리더는 상황에 따라 적합한 대화를 전략적으로 채택할 수 있어야 합니다. 즉각적으로 지시하여 문제를 빨리 해결해야 하는 상황이라면 일반 대화를, 구성원이 스스로 해답을 찾을 수 있도록 돕고, 이를 통해 구성원의 자발성과 실행력을 높이고 싶다면 구성원의 변화와 성장을 돕는 대화를 해야 합니다.

성장 대화의 경우, 상황에 따라 접근법이 달라야 합니다. 근무 중에 수시로 리더십을 발휘해야 한다면 짧게, 즉각적으로 해야 합니다. 반면 약속을 정하고, 별도의 장소에서 대화를 한다면 좀 더 체계적인 접근이 필요합니다. 예를 들어, 거래처에서 약속을 지키지 않아 갑자기 문제가 발생한 상황이고, 즉각적으로 대응하지 않으면 문제가 확대될 우려가 있다면 '약속을 하고, 시간을 정해서, 대화를 한다?'는 것은 잘못된 선택입니다. 즉각적이고, 짧게 리더십을 발휘해야 합니다. 즉각적으로 리더십을 발휘해야 하는 상황에서는 적극적 경청, 인정과 칭찬, 명료한 질문, 진심 어린 피드백 등의 스킬 중 하나 또는 두 개 이상을 대화에 활용할 수 있습니다. 거래처가 약속을 지키지 않아 문제가 발생했다고 하소연을 한다면, 먼저 '적극적 경청'을 해야 합니다. 경청을 통해 문제 상황 및 문제의 근본원인을 파악한 후 '명료한 질문'을 통해 구성원이 근본원인을 제거 또는 개선할 수 있는 해답을 스스로 찾을 수 있도록 도와야 합니다. 덧붙여 인정과 격려를 통해 동기를 부여하고, 행동변화가 필요하다면 '진심 어린 피드백'을 통해 변화를 요구해야 합니다. 이러한 접근법은 구성원의 인식과 행동의 변화를 즉각적으로 돕고 자발성과 실행력을 높여 줍니다.

구분	즉각적 상황	지연적 상황
목적	구성원의 변화와 성장	
시간	• 수시로, 짧게	• 약속 또는 정해진 시간에
방법	• 경청, 인정, 질문, 피드백 스킬을 활용하여	• 대화 프로세스에 따라 • 경청, 인정, 질문, 피드백 스킬을 접목하여
구성원의 인식	• 리더십을 발휘한 것을 느끼지 못할 수 있음	• 리더십을 발휘한다는 느낌을 받음
장점	• 쌍방 부담이 적음 • 근무 중 자연스럽게 이루어짐	• 구성원의 참여가 촉진됨 • 보다 근본적 이슈(성과, 육성)에 접근할 수 있음

반면 약속을 하고, 정해진 시간에, 별도의 장소에서 대화를 하는 경우가 있습니다. 주로 당해 연도의 성과목표를 합의하거나, 합의된 목표의 실적을 정기적으로 점검하는 경우가 해당됩니다. 이때는 대화 주제 및 목표를 달성하기 위해 프로세스에 따라 좀 더 체계적으로 진행해야 합니다. 대화는 적극적 경청, 인정과 칭찬, 명료한 질문, 진심 어린 피드백 스킬 등을 접목하여 진행합니다.

두괄식으로 말하라고? 그것이 꼭 최선일까?

말을 하거나, 글을 쓸 때 중심 문장을 표현하는 방법에는 두괄식, 미괄식, 중괄식, 양괄식, 병렬식 등 다양한 형태가 있습니다. 이 중에서 가장 많이 사용하는 방식이 두괄식과 미괄식입니다. 두괄식은 첫 글자인 두(頭)에 담긴 의미와 같이 주장을 먼저하고, 뒤에 근거를 제시하는 방식을 말합니다. 반대로 미괄식은 첫 글자인 미(尾)에 담긴 의미와 같이 근거를 먼저 이야기하고, 결론을 마지막 꼬리에 내리는 방식입니다. 조직에서 문서 작성이나 커뮤니케이션 교육을 할 때 단골처럼 등장하는 것이 바로 '두괄식으로 작성하고 말하라'입니다. 바쁜 업무 중에 서론, 본론, 결론 순으로 작성된 문서를 검토하는 것은 비효율적이고, 사건의 발생한 시간의 흐름에 따라 이야기를 듣게 되면 시간이 낭비된다는 이유로 일터에서의 문서 작성과 대화법은 두괄식이어야 한다고 주장합니다. 그런데, 누구를 위해 두괄식으로 말해야 하는 걸까요?

리더는 상황에 따라 적합한 대화 방식을 선택해야 합니다. 두괄식 대화는 상대의 관심을 빨리 끌거나 시간이 촉박한 경우, 또는 주제가 간단하고 명확한 상황, 답을 제시해야 하는 상황에 적합합니다. 반면 미괄식 대화는 상대와 신뢰를 구축해야 하는 경우, 주제가 복잡하고 자세한 설명이 필요한 경우에 효과적입니다.

결론적으로 효과적인 대화를 위해서는 대화의 목적, 대화의 맥

구분	두괄식 대화	미괄식 대화
특징	• 주장을 먼저하고, 뒤에 근거를 제시하는 방식 • 일반적인 진술로 시작한 다음 특정 사례로 범위를 좁히기 때문에 "연역적 추론"이라고도 함 • 간결함의 중요성 강조	• 근거를 먼저 이야기하고, 결론을 마지막 꼬리에 내리는 방식 • 일반적인 결론을 도출하기 위해 구체적인 예와 관찰을 사용하기 때문에 "귀납적 추론"이라고도 함 • 맥락의 중요성 강조
장점	• 상대의 관심을 빠르게 끌 수 있음 • 명확하고 간결한 메시지를 제공 • 설득적이거나 논쟁적인 의사소통에 효과적 • 긴급 상황에서 유용함	• 상대와의 신뢰 구축 • 적극적인 경청 및 참여 장려 • 주제에 대한 이해와 공감에 효과적 • 합의 형성에 유용함
단점	• 주제에 대해 완전히 이해하지 못할 수 있음 • 지나치게 단순하다고 인식될 수 있음 • 상대와 신뢰를 구축하기 어려움	• 메시지 전달에 시간이 오래 걸림 • 지나치게 자세히 설명하면 설득당할 수 있음 • 상대가 듣는 과정에서 선입견이 생길 수 있음
적합한 상황	• 상대의 관심을 빨리 끌기 원할 때 • 주제가 간단하고 명확할 때	• 상대와 신뢰를 구축하고자 할 때 • 주제가 복잡하고 자세한 설명이 필요한 경우

락, 대화 상대 등을 고려하여 더 적합한 방식을 선택해야 합니다. 대화 방식에는 정답이 정해져 있지 않습니다. 상대와 상황을 고려해 최적의 해답을 선택해야 합니다.

불평과 불만에는 '공감'과 '진심 어린 피드백'이 필요하다

상황 정보

며칠 동안 팀원들이 함께 야근을 하고 있습니다. 팀원 중 한 사람인 속상해 프로가 아내의 전화를 받더니, "오늘은 좀 일찍 들어가면 안 될까요? 도대체 며칠째야?"라고 불만을 표시합니다.

이렇게 해보세요

당신은 속상해 프로의 상황을 고려해 먼저 퇴근하도록 조치를 취할 수 있습니다. 반대로 상황이 여의치 않으니 오늘도 야근을 해 달라고 요청할 수도 있을 것입니다. 어떤 선택을 하든 또 다른 문제가 발생할 수 있습니다. 만약, 퇴근하도록 조치를 취한다면, 상대는 먼저 퇴근을 할 것입니다. 그렇다면 남은 일은 '당신' 또는 '동료 및 후배'의 몫이 될 것입니다. 먼저 퇴근하는 속상해 프로의 마음도 불편할 것이고, 동료나 후배들도 공정하지 못한 처사라고 당신에게 또 다른 불만을 표현할 것입니다.

만약, 당신이 속상해 프로에게 "다 함께 야근하고 있으니, 특별히 배려할 수 없다"라고 한다면 어떻게 될까요? 속상해 프로는 불만을 가득 안고 일을 할 것이며, 그의 태도가 부정적이라면 다른 동료나 후배도 불편해질 수 있습니다. 그렇다면 어떻게 하는 것이 현명한 전략이 될까요?

첫째, 불평이나 불만의 내용보다는 상대의 감정에 집중해야 합니다. 일찍 들어가고 싶다는 내용도 들어야 하지만, 야근으로 힘든 상황에 대한 감정 호소라는 것도 알아채야 합니다.

둘째, 상대의 감정에 공감을 표현해야 합니다. 일찍 퇴근을 해도 되는 상황이라면 "요즘 야근으로 고생이 많았어요. 퇴근해서 가족과 시간을 보내세요"라고 하면 됩니다. 그러나 만약, 퇴근할 수 없는 상황이라면 "요즘 계속 야근이라 힘들지요"처럼 공감을 표현하는 것이 우선되어야 합니다.

셋째, 단호하고 솔직한 피드백이 필요합니다. 공감에서 그치는 것이 아니라 일이 끝나지 않아 퇴근이 어려움을 명확히 알려주어야 합니다. "지금 상황은 속상해 프로도 알고 있듯이 급한 문제를 빨리 종료지어야 하는 상황입니다. 힘들겠지만, 함께 일을 빨리 마무리하시죠. 저도 좀 더 집중하겠습니다."

구성원이 불평과 불만을 표시할 때 당신이 가장 먼저 해야 하는 것은 '배려'나 '동의'가 아닙니다. 상대의 불편한 감정에 대해 '공감'해 주는 것이 먼저여야 합니다. 그리고 여러 가지 상황을 고려한 후 명확하게 피드백해야 합니다. 이때 다른 구성원이 리더의 처리 방식을 어떻게 해석할지를 감안해야 합니다. '불평을 하면, 열외를 시켜주는구나'라는 잘못된 개념이 생기면 이후에 리더십을 발휘하는데 어려움에 처할 수 있습니다. 공감은 표현하되, 처리는 공정성과 형평성을 원칙으로 하여야 합니다. 정리하자면, 위와 같은 상황이 발생한다면 우선 '적극적 경청' 후 공감을 표현한 후 '진심어린 피드백'을 하는 것이 바람직합니다.

피드백보다 '인정/칭찬'이 먼저여야 한다

상황 정보

안정해 프로가 30명의 중역 앞에서 이제 막 프리젠테이션을 마쳤습니다. 당신도 그 자리에게 프리젠테이션을 시켜봤는데, 다음 몇 가지 사항을 발견했습니다.

- 프리젠테이션은 원활히 진행되었다.
- 모든 것이 정확히 제시간에 끝났다.
- 모든 질문에 자신이 가진 지식과 경험을 토대로 잘 대응하였다.
- 손을 계속 움직이고 발의 위치를 계속 바꾸는 습관이 있었다. 이것은 꽤 신경에 거슬렸다.
- 설명하는 부분을 레이저포인터로 동그라미를 그리며 심하게 빙빙 돌려 정신이 없었다.
- 기침을 자주 하고 목을 가다듬는 버릇도 있어 듣는데 방해가 되었다.

프리젠테이션이 끝나자, 안정해 프로는 당신에게 "열심히 준비한다고 했는데, 어떻게 끝냈는지 잘 모르겠어요"라며 불안해합니다.

이렇게 해보세요

사람들은 대부분 상대의 부족한 부분을 먼저 발견합니다. 때문에 잘한 것은 생략하고 부족한 부분에 대한 개선을 먼저 요구하게 됩니다. 이때 부족한 부분의 피드백만 받는다면 상대의 기분은 어떨까요? 만약 당신의 구성원이 위의 상황이고, 당신이 그(녀)의 리더라면 다음과 같이 접근하시기 바랍니다.

먼저, 프리젠테이션을 마친 소감을 물은 후, 적극적 경청을 해야 합니다. 자신의 경험담을 이야기하다 보면, 자신의 노력과, 뿌듯한 점, 아쉬운 점을 스스로 정리하게 됩니다. 만약 이때 상대가 프리젠테이션을 마친 소감에만 머물거나 아쉬움만을 토로하고 스스로 개선점을 찾지 못한다면, 질문을 통해 스스로 찾을 수 있도록 돕는 것이 필요합니다. 그럼에도 불구하고 스스로 개선점을 찾지 못하거나, 일부 개선 사항을 놓친다면, 이때는 진심 어린 피드백을 통해 변화와 성장을 솔직하게 요구하는 것이 필요합니다.

"열심히 준비해 줘서 고마워요"와 같이 준비한 것에 대한 노고를 표현해야 합니다. 이 표현은 짧기는 해도 많은 의미가 담긴 표현입니다. 즉, "열심히 준비해 줘서"는 준비하는 과정에 대한 '인정'입니다. 그리고 그 과정에 대해 리더가 감사의 '감정'을 표현하는 것이 "고마워요"입니다. 그리고 잘한 부분에 대한 '칭찬'을 구체적으로 해야 합니다. "저도 지켜봤는데, 정확히 제시간에 잘 끝냈어요. 중역들은 시간을 중요시하거든요. 그리고 그 많은 질문에 전문적 지식과 경험을 토대로 답변한 것도 훌륭했어요"와 같이 리더가 관찰한 긍정적 포인트를 찾아 인정과 칭찬을 해야 합니다. 그런 다음, 개선이 필요한 부분에 대한 '진심 어린 피드백'을 구체적으로 해야 합니다. "지켜보며 몇 가지 알려주고 싶은 게 있었어요. 손을 계속 움직였고 발의 위치도 계속 바꾸더군요. 손으로 레이저 포인트를 계속 돌리는 모습이 보이기도 했고요. 자수 기침을 하거나 목을 가다듬기도 했어요. 프리젠테이션 스킬이 훌륭한 내용 전달을 방해한다는 생각이 들었어요. 앞으로 중요한 프리젠테이션이 많이 있을 겁니다. 그때를 위해 프리젠테이션 스킬을 미리 익혀두면 좋겠습니다."

요약하면, 위와 같은 상황에서는 피드백에 앞서, 우선 준비 과정에 대한 노력을 알아주는 것이 먼저입니다. 그 후 잘한 점에 대한 인정과 칭찬, 그리고 부족한 부분에 대한 진심 어린 피드백을 통해 동기를 부여해야 합니다.

리더의 눈에는 준비하는 과정보다는 결과가, 잘한 것보다는 부족한 것이 먼저 보입니다. 그러다 보니 부족한 결과만 피드백하는 리더가 종종 있습니다. 열심히 노력했는데 부족한 것만 상사로부터 피드백을 받으면, 자신감이 떨어지고 서운한 마음이 듭니다. 또 앞으로 과정은 무시한 채 결과만 중시해도 된다는 메시지로 해석될 우려도 있습니다. 또한 자신감이 떨어져 새로운 시도를 할 동력을 잃게 됩니다. 잘한 것은 더 잘할 수 있도록, 부족한 것은 적극적인 변화 행동을 선택할 수 있도록 리더십을 발휘해야 합니다.

행동의 변화는 '적극적 경청'으로부터 시작된다

상황 정보

주도해 프로는 팀 회의 시간에 늘 정시에 참석합니다. 그런데 파트 회의에는 지각을 자주 한다는 이야기를 듣게 됩니다. 지켜보니 주도해 프로가 속한 파트의 회의는 대체로 10분씩 늦게 시작되고 있었습니다. 당신은 약속된 회의 시간에 지각하는 사람으로 인해 다른 팀원들이 피해를 보는 것을 원치 않습니다. 때문에 주도해 프로의 잦은 지각이 정말 거슬립니다.

이렇게 해보세요

바람직하지 않는 태도를 보이는 구성원이 있다면 당연히 피드백을 해야 합니다. 그러나 피드백이 효과적이기를 기대한다면 나름의 절차와 방법을 고려할 필요가 있습니다.

첫째, 주도해 프로에게 별도 연락을 취해 면담을 요청하고, 장소를 조율해야 합니다. "주도해 프로, 회의에 지각한 것에 대해 이야기를 나눴으면 하는데, 지금 회의실에서 볼 수 있을까요?"와 같은 표현이 적당합니다. 개선을 요구할 때는 변화가 필요한 행동을 목격했을 때 즉각적으로 하는 것이 좋습니다. 이때 동료들이 보고 있는데 큰소리로 질책하는 것을 아주 위험한 행동입니다. 조용히 상대에게 다가가 어떤 건으로 얘기하려고 하는지 추측할 수 있도록 하고, 별도의 공간에서 면담을 제안하는 것이 좋습니다.

둘째, 격리된 별도의 공간에 들어왔다고 바로 잘못된 행동을 지적하기보다는 간단한 Small talk를 통해 부드러운 분위기를 생성한 후, 지각한 상황에 대해 본인의 입장을 표명할 수 있는 기회를 주는 것이 필요합니다. "오늘 제가 관찰해 보니 파트 회의에 10분 늦더군요. 지각한 특별한 이유가 있을까요?"

셋째, 상대의 상황과 입장을 적극적으로 경청한 후 개선이 필요한 부분에 대해 '진심 어린 피드백'을 구체적으로 해야 합니다. "그랬군요. 파트장이 늘 회의에 늦어 정시에 회의가 시작되지 않았군요. 그래서 시간을 좀 더 효율적으로 쓰기 위해 회의 직전에 간단한 이메일 작업을 하여 최대한 자투리 시간을 활용했던 거군요. 주도해 프로 입장에서는 그렇게 하는 것이 시간을 효율적으로 활용하는 거라 판단했겠군요"와 같이 상대의 입장을 듣고 공감을 표현할 필요가 있습니다. 그런 다음 "앞으로는 동료들과 약속한 시간에 회의에 참석해 주세요. 내가 10분을 효율적으로 사용하기 위해 늦게 회의에 들어가게 되면 나를 기다리는 사람들의 시간이 10분씩 낭비됩니다. 나의 시간이 소중하듯 동료들의 시간도 아껴주세요. 그리고 파트장에게는 회의 시작 시간을 앞으로 철저히 지키라고 제가 따로 피드백하겠습니다."

위의 상황은 즉각적인 피드백을 해야 하는 상황입니다. 그런데 이런 사소한 일로 따로 시간을 내고 장소는 잡는 것을 번거롭게 생각해 공개적으로 피드백을 하는 리더가 있습니다. 피드백을 듣는 당사자도 민망하지만, 그 모습을 보는 다른 구성원들도 상대에 대한 배려가 없는 당신을 보며 당신의 리더십을 의심할 것입니다.

요약하자면, 피드백을 할 때는 바로 본론으로 들어가기보다는 Small talk를 통해 상대의 긴장감을 풀어주어야 합니다. 분위기가 딱딱하면 리더의 표현도, 팔로워의 반응도 경직됩니다. 부드러운 분위기 속에서 관찰했던 상대의 부정적 행동에 대해 언급하고, 그 행동을 한 이유를 확인하는 것이 필요합니다. 사람의 행동에는 이유가 있습니다. 그 이유를 확인할 수 있는 유일한 방법은 그 사람으로부터 직접 듣는 것입니다. 상대의 입장을 열린 마음으로 경청한 후 공감을 표하면, 상대도 개방적 자세를 취하게 됩니다. 이후 앞으로 어떤 행동의 변화를 원하는지 진심을 담아 구체적으로 변화를 요구해야 합니다.

질문이 명료해야, 스스로 '답'을 찾고, 실행력도 높아진다

상황 정보

변명해 프로는 팀 내의 차석으로 근무하고 있는 직원입니다. 연차로 보면 승진 대상이며, 팀장인 당신과 나이가 같습니다. 이 직원은 성과 목표를 100% 이상 달성할 수도 있을 것으로 보이나, 항상 계획 대비 70~80% 정도의 실적을 보입니다. 가끔 목표에 대한 이야기를 나눌 기회가 있어 '왜 70~80% 정도밖에 하지 못하나?'고 물어보면 항상 이런저런 다른 이유를 둘러댑니다. 예를 들면, 팀 분위기, 외부 환경, 업무 프로세스의 복잡성, 다른 직원의 비협조 등의 이유를 들어 자신을 변명하곤 합니다. 나이도 나이인데 경력도 많으니 팀 내의 팀워크를 만드는 것에 기여해 주었으면 하지만, 그런 분야에는 전혀 관심이 없는듯합니다. 오히려 열심히 일하는 직원들에게 "회사에 충성해 봐야 소용없다"라거나 "대충하라"는 등의 사기를 꺾는 부정적인 발언을 함으로써 전체 분위기에 오히려 방해가 되고 있습니다. 이런 변명해 프로와 당신은 올해 성과 목표에 대한 면담을 진행할 계획입니다.

이렇게 해보세요

변명해 프로와 성장 대화를 위해 면담 약속을 정하는 것이 먼저입니다. 즉 일반 대화가 아닌 성장 대화가 필요한 순간이며, 즉각적 상황이 아닌 지연적 상황에 해당됩니다. 이러한 상황이라면 아래와 같이 접근해 보세요.

첫째, 변명해 프로에게 올해 성과 목표에 대한 면담 진행 계획을 알리고, 전년도 실적 자료 및 이번년도 개인 목표 계획을 준비해 참석할 것을 요청합니다.

"변명해 프로, 올해 성과 목표에 대한 면담은 ○○일 ○○시 ○○분에 ○○○ 회의실에서 진행하고자 합니다. 전년도 실적 및 올해 목표 계획 준비해서 참석해 주세요. 전년도 실적은 증빙도 함께 준비해 주시고, 올해 목표는 부서 목표와의 연계성을 고려해서 준비해 주셨으면 합니다"와 같은 준비 사항과 요청 사항을 구체적으로 표현해야 합니다.

둘째, 면담을 위해 마주하게 되면 먼저 해야 하는 것은 본론이 아닙니다. 우선 '상대'와 '나' 사이에 편안한 분위기를 형성해야 합니다. 근황에 대한 Small talk를 통해 긴장을 완화할 수 있도록 하는 것이 좋으며, 이때 경청하는 자세는 상대의 마음을 여는 데 아주 중요합니다.

셋째, 상위 목표나 기대사항이 있다면 명확히 제시할 필요가 있습니다. "올해 성과 목표에 대해 합의하려 합니다. 변명해 프로는 승진 대상자이니 올해 도전적인 목표 달성을 통해 성과를 어필해 주세요. 성과 목표 합의 후에 동료와의 팀워크 강화 건에 대해 추가로 의견을 나누고자 합니다. 먼저, 올해 목표에 대해 생각하는 것을 말씀해 주시겠어요?"

넷째, 대화 프로세스에 맞춰 본격적인 대화를 시작합니다. 리더가 기대하는 목표와 팔로워가 제시하는 목표는 갭(GAP)이 존재합니다. 목표를 합의하는 과정에서 팔로워는 여러 가지 현실적 어려움(팀 분위기, 외부 환경, 업무 프로세스의 복잡성, 다른 직원의 비협조 등)을 호소할 것입니다. 이때 충분히 경청하고 공감을 표현합니다. 그러나 불만만 듣는 자리가 아니므로 해결책을 도출할 수 있도록 명료한 대화를 이끌어야 합니다. "여러 가지 어려움이 있군요. 그중에서 목표 달성에 걸림돌은 무엇인가요? 그 걸림돌 중에서 통제 가능한 것과 불가능한 것을 구분해 볼까요? 걸림돌을 제거하려면 어떤 도움이 필요할까요? 본인이 해결할 수 있는 것은 무엇인가요?"

다섯째, 대화의 마무리에도 절차가 있습니다. 지금까지 나눈 대화를 최종 요약해야 합니다. 이때 경계해야 하는 것은 리더가 정리를 독점하는 것입니다. 정리의 기회를 상대방에게 주는 것이 실행력을 높이는 데 효과적입니다. "지금까지 나눈 대화를 정리해 주시겠어요?"

대부분의 리더는 성과 목표를 제시하고, 그 목표를 달성하는 방법을 구체적으로 알려줍니다. 그러나 직무에 대한 경험이 없거나 적은 경우가 아니라면 오히려 실무적 방법은 상대방이 더 잘 알고 있습니다. 문제는 성과 달성의 필요성을 인식하지 못했거나, 부정적 마인드가 행동의 장애가 되는 경우입니다. 대화를 할 때는 상대와 동등한 파트너로서 어떻게 상대를 도울 것인지에 초점을 두는 것이 필요합니다. 상대방을 부족한 사람, 고쳐야 하는 사람이라는 인식을 가지고 대하면 고스란히 그 느낌이 전달되어 진정한 대화를 방해하게 됩니다. 상대가 입장을 표명할 때는 '적극적 경청'을, 긍정적 태도를 보일 때는 '인정'을, 소극적이고 부정적인 태도에 보일 때는 '진심 어린 피드백'을 통해 상대의 성장을 지원해야 합니다. 이를 위해서는 지시적이고 강압적 태도에서 벗어나 '명료한 질문'을 통해 상대방이 스스로의 해답을 찾아갈 수 있도록 돕는 것이 필요합니다.

2 대화 후에는 리더십 오답노트를 쓰자

리더십에 정답은 없다

출연작마다 변화무쌍한 모습을 보여주는 남궁민 배우가 관찰예능 프로그램에 출연한 것을 보았습니다. 드라마를 준비하며 상대역을 맡은 동료 배우들의 사진을 의자에 붙여 놓고 대본을 연습합니다. 다양한 목소리 연기를 위해 보컬 학원에 다니며 발성을 배우기도 합니다.

그리고 드라마가 끝나면 노트를 준비해 한쪽 면에 대본을 붙입니다. 드라마 대본과 상영된 영상을 번갈아 보며 다른 한쪽 면에는 자신의 연기를 보며 느낀 점을 기록합니다. 잘한 점, 아쉬운 점, 새롭게 배워야 할 것 등을 기록합니다.

'연기란, 완벽을 위해 노력하는 과정'이라고 말하는 그는 끊임없는 노력으로 자신의 연기에 해답을 찾아갑니다. 리더도 배우와 같습니다. 연기에 정답이 없듯이 리더십에도 정답이 없습니다. 자신만의 리더십 해답을 찾기 위한 끊임없는 여정이 존재할 뿐입니다.

나만의 리더십 오답노트가 필요하다

리더는 자신만의 리더십 오답노트가 있어야 합니다. 구성원과의 대화에 앞서 철저히 준비하고, 대화가 끝난 후에는 나만의 리더십 오답 노트를 통해 리더십 변화 포인트를 찾고, 잘한 부분에 대해서는 스스로 칭찬하며 동기부여를 해야 합니다.

리더십 오답노트를 위한 질문

• 대화 후 전반적인 느낌은 어떠했습니까?

```



```

• 대화에서 긍정적인 부분과 아쉬운 부분은 각각 무엇입니까?

```



```

- 본인이 생각하기에 잘한 부분은 무엇입니까?

- 만약 다시 진행한다면 어떤 부분을 다르게 해 보시겠습니까?

- 전반적으로 이번 대화에 대해 점수를 준다면 몇 점을 주시겠습니까?

  그 이유는?

진짜 리더가 되려면
의식적 연습(Deliberate Practice)이 필요하다

당신이 진짜 리더가 되고 싶다면, 여기 3가지 비결이 있습니다. 첫 번째 비결은 바로 Practice입니다. Practice는 연습이라는 뜻으로 무언가를 개선하거나 정복할 목적으로 행동을 계속 반복하거나 반복적으로 활동에 참여하는 행위를 말합니다. 진정한 리더가 되려면 Practice가 필요합니다. 앤더스 에릭슨[1]은 세계적 수준의 전문가와 일반인의 차이가 의식적 연습에 있다는 것을 밝혀냈습니다. 의식적 연습이란 목표 달성을 위해 습득해야 하는 기술이나 능력을 여러 개의 하위 목표로 나눈 뒤 그것들을 하나씩 이루어 나가기 위해 세부 단위의 기술을 의식적으로 파악하고, 집중적으로 반복 연습하는 것을 의미합니다.

진짜 리더가 되는 과정도 의식적 연습이 필요합니다. 의식적 연습을 제대로 하기 위해서는 4가지 조건이 단계별로 충족되어야 합니다.

첫 번째 조건은 명료하게 진술된 도전적 목표가 있어야 합니다. 이 조건은 의식적 연습에 있어 가장 중요합니다. 만약, 당신이 진짜 리더가 되길 원한다면 자신이 원하는 리더십을 명료하게 진술

---

1 앤더스 에릭슨(K. Anders Ericsson): 스웨덴의 심리학자이자 플로리다 주립 대학교(Florida State University) 콘라디 석학교수(Conradi Eminent Scholar)이다. 전문지식(expertise)과 인간 수행능력(human performance)에 관한 심리학적 본질에 대한 세계적인 연구자이다.

하고, 도전적으로 목표를 설정해야 합니다. 이를 위해 당신이 원하는 리더로서의 이미지를 완성할 필요가 있습니다. 아래의 질문을 통해 나의 이미지를 선명히 그려보시기 바랍니다.

• 나는 어떤 리더로 기억되고 싶은가?

• 현재 나는 어떤 리더인가?

두 번째 조건은 명료하게 진술된 도전적 목표를 현실로 만들기 위해 집중하고 노력하는 것입니다. 이를 위해 집중과 노력이 필요한 영역을 구체화할 필요가 있습니다. 아래의 질문을 통해 개발 우선 영역을 정의해 보시기 바랍니다.

• 어떤 영역이 우선 개발되어야 하는가?

• 우선 개발이 필요한 영역을 위해 어떤 집중과 노력을 할 것인가?

세 번째 조건은 개발을 위한 집중과 노력에 대한 즉각적이고 유용한 피드백이 필요합니다. 셀프 피드백을 할 수도 있겠지만 더 효과적인 것은 리더십 코치를 두는 것입니다. 리더십 코치는 주변의 선배가 될 수도 있고, 전문 코치가 그 역할을 할 수도 있습니다. 전문코치를 채용하는 것이 여의치 않다면 AI 코치(chat GPT 등)를 활용하는 것도 대안이 될 수 있습니다.

• 즉각적이고 유용한 피드백을 해줄 코치는 누구인가?

• 언제, 어떤 상황에서 피드백을 요청할 것인가?

네 번째 조건은 반성과 개선을 반복하는 것입니다. 셀프 코칭 또는 리더십 코치의 코칭을 통해 성찰과 개선을 지속하는 것이 의식적 연습입니다. 아래의 질문을 통해 어떻게 성찰한 것을 지속적으로 개선할 것인지 계획을 세워야 합니다.

• 피드백을 어떻게 적용할 것인가? (언제, 누구에게, 어떻게)

진짜 리더가 되기 위한 첫 번째 비결은 의식적 연습입니다. 즉, Practice입니다. 그럼 두 번째 비결은 무엇일까요? 두 번째도 Practice입니다. 그리고 마지막 비결도 마찬가지로 Practice입니다. Practice! Practice! Practice!, 이것이 바로 진짜 리더가 되는 비결입니다.

리더십에는 '왕도'가 없습니다. 그저 묵묵히 자신이 원하는 리더의 모습을 향해 연습하고, 연습하고, 연습해야 합니다.

5

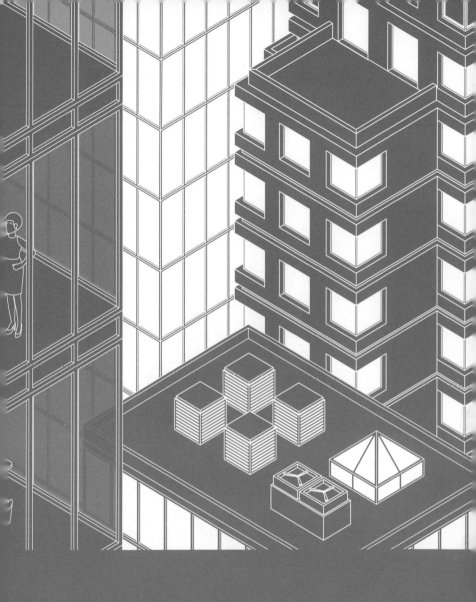

X, 리더십을
다시 쓰다

1 아는것Knowing과하는것Doing만으로 충분한가?

양의 탈을 쓴 늑대!

리더십 스킬을 능숙하게 활용하고, 대화 프로세스를 바탕으로 성장 대화를 리딩하는 리더, 그런데 이런 리더와 대화를 하고 난 후 왠지 모를 찝찝함을 느낄 때가 있습니다. 그(녀)의 진정성이 의심되고 왠지 그(녀)가 나를 이용한 느낌이 들고, 다시 대화하고 싶지 않다는 느낌이 드는 경우입니다. Small Talk를 통해 나의 안부를 물었고, 대화 주제가 명확했는데, 왠지 대화를 끝난 후 되돌아보니 나를 위한 대화가 아니라 리더를 위해 대화를 했던 것 같은 느낌, 혹시 이런 경험 없었나요? "내가 경청할 테니까. 편안하게 얘기해 보세요!"라며 고개를 끄덕이고 인자한 표정을 짓고 있지만, 왠지 가식적으로 느껴진 적은요? 온화한 표정의 그(그녀)를 보며 "참 좋은 리더입니다"라고 엄지척을 날렸지만, 왠지 어색하고 불편해서 속으로는 '저분과의 대화를 최대한 피해야겠다'라는 생각을 했던 경험은요?

'알(Knowing)'고 '행(Doing)'한다고 진짜 리더는 아닙니다. 진짜 리더는 상대가 인정해야 합니다. 상대가 인정하는 리더는 상대로부터 신뢰를 받는 사람입니다. 그리고 신뢰는 하루아침에 형성되지 않습니다. 오랫동안 상대와 내가 서로를 보며, 듣고, 경험하는 과정에서 만들어지는 것이 신뢰입니다. 신뢰가 결여된 관계는 결코 오래갈 수 없으며 함께하기 어렵습니다. 모든 장면에서 신뢰가 중요하지만, 특히 리더십을 발휘하는 장면에서 '신뢰'는 절대적입니다. 때문에 리더십 스킬과 대화 프로세스를 익히는 것을 넘어, 구성원과의 신뢰를 구축해야 합니다.

가짜 리더와 진짜 리더

이제 우리는 리더십을 연기하는 가짜 리더와 진짜 리더에 대해 생각해 봐야 합니다. 리더십 훈련을 통해 리더십 스킬을 현란하게 사용하고, 대화를 유창하게 이끄는 리더인데도 왠지 그(녀)와 대화가 꺼려지는 경우가 있습니다. 이와 반대로 투박하고 거칠지만 그(녀)와 대화를 하면 고개가 끄덕여지기도 합니다. 도대체 이 차이는 어디서 오는 걸까요? 리더는 확장된 역할과 책임을 인식하고, 그에 맞는 역량을 키워야 합니다. 이를 위해 리더십 스킬을 익히고, 대화 프로세스를 훈련합니다. 이러한 과정을 우리는 '리더십 역량 강화'라고 합니다. 그런데 역량이 강화된다고 진정한 리더가 되는 것은 아닙니다. 진짜 리더는 기술에만 머물지 않습니다. 기술만으로 리더십을 발휘하게 되면 가면을 쓰고 리더의 역할을 연기하는 가짜 리더와 다를 바가 없기 때문입니다. 그럼 진정한 리더가 되려면 어떤 변화가 필요할까요?

2 진짜 리더의 비밀 병기 10가지

조지 로버트 테리[1]는 '모든 사람들이 집단 목표를 위하여 자발적으로 노력하도록 사람들에게 영향을 주는 활동'으로 리더십을 정의했습니다. 쿤츠와 오도넬[2]은 '사람들이 집단 목표를 위하여 자발적으로 노력하도록 그들에게 영향을 주는 기술(art) 또는 과정(process)'이라고 하였고, 로버트 타넨봄[3]은 '어떤 상황 속에서 커뮤니케이션 과정을 통해 특정 목표를 달성하기 위해 행사되는 대인 간의 영향력'으로 리더십을 정의했습니다. 리더십에 대한 정의는 학자마다 사람마다 다릅니다. 그럼에도 불구하고 리더십 정의에는 공통적인 키워드가 등장합니다. 바로 '목표', '사람' 그리고 '영향력'입니다. 종합해 보면, 리더십이란 '목표를 달성하기 위해 사람들에게 영향력을 행사하는 것'으로 정리할 수 있습니다.

---

1 조지 로버트 테리(George Robert Terry, 1909-1979): 미국의 경영 저술가이자 Ball State University의 경영학 교수이었으며, Academy of Management의 14대 회장이었다.
2 쿤츠(H.D, Koontz)와 오도넬(C, O'Donnell)에 의한 경영관리의 원리 등은 미국경영학 발전에 커다란 공헌을 하였다.
3 로버트 타넨봄(Robert Tannenbaum): 전 UCLA 경영대학원 교수였다.

1. 리더가 영향력을 발휘해야 하는 이유는 목표를 달성하는 데 있다

에피소드

~~히드웨어개발팀의 아침은 위장해 팀장의 잔소리로 시작되었습~~
니다. 오늘도 어김없이 위장해 팀장은 다리를 꼬고 의자 깊숙이 등
을 기대고 앉아 낮은 목소리로 무언가를 말하고 있습니다. 그리고
변명해 프로는 그 앞에 하염없이 고개를 숙이고 있습니다. 늘 보던
익숙한 풍경입니다.

위장해 팀장은 하드웨어 개발 분야의 국내 최고 전문가입니다.
회사는 하드웨어에 대한 신기술 확보를 위해 연구기관에 근무 중
이던 위장해 박사를 스카우트했습니다. 그리고 얼마 지나지 않아
하드웨어개발팀이 신설되었고 그는 신임팀장이 되었습니다. 그런
데 회사의 기대와 달리 신기술 확보가 쉽지 않은 모양입니다. 질
책으로 시작되는 하드웨어개발팀의 하루와 팀원들의 표정이 늘
우울한 것을 보면 말입니다. X의 팀은 하드웨어개발팀 옆에 위치
하고 있어 그들의 모습을 가까이에서 보고 들을 수 있습니다. 오
늘도 하드웨어개발팀에서 나누는 이야기 소리가 담장을 넘어옵
니다.

위장해 팀장 어제 부품 배치 설계 변경하라고 한 건은 어떻게 됐
어요?

변명해 프로   아직 솔더링 조건이 해결이 안 됐습니다.

위장해 팀장   그 정도도 해결을 못 해요? 뇌가 근육으로만 되어 있나요?

변명해 프로   …

위장해 프로   기본도 모르면서 설계를 어떻게 하죠? 학교 다닐 때 공부 못했죠?

'방금 내가 무슨 소리를 들은 거지?' X는 잘못 들은 건가 싶어 자신의 귀를 의심했습니다. 그 이후에도 위장해 팀장은 팀원을 질타할 때 입버릇처럼 '너는 뇌가 근육이냐?'고 묻곤 했습니다. 옆에서 듣고 있는 X가 스트레스를 받을 정도니, 팀원들은 오죽할까 싶었습니다. 얼마 지나지 않아 변명해 프로가 퇴사를 한다는 소식을 접했습니다. 연구 인력이 줄어들어 더 조급해진 걸까요? 위장해 팀장이 잔소리하는 광경은 더욱 자주 목격되었고, 잔소리가 끝나면 팀원들은 삼삼오오 휴게실에 모여 팀장 뒷담화를 하곤 했습니다. 신기술 개발 프로젝트는 계속 지연되고 있었고, 결국 회사는 하드웨어개발팀을 해체하였습니다.

리더십의 대가인 존 맥스웰(John C. Maxwell)은 리더십의 진정한 척도는 영향력이며, 영향력은 권력과 권위로부터 나온다고 말합니다. 조직은 리더가 목표를 달성하는 데 있어 영향력을 발휘할 수 있도록 권력⁴을 위임합니다. 그런데 리더 중에는 이 권력에 대해 착각하는 사람이 있습니다. 자신에게 주어진 권력이 개인에게 주어진 특권인 양 아랫사람에게 군림하려 합니다.

권력(Power)은 강압이나 설득을 통해 다른 사람을 통제하거나 영향을 미치는 능력을 의미합니다. 리더는 업무를 수행함에 있어 결정을 내리고 지위을 위임하거나 상벌을 베풀 수 있는 권력을 가지고 있습니다. 그러나 이러한 권력은 개인의 인격을 강압하거나 통제하는 수단이 되어서는 안 됩니다. 리더는 목표를 달성하기 위해 영향력을 행사하는 사람입니다. 즉 영향력을 행사하는 목적이 '목표 달성'에 있고, 권력을 사용하는 것이 이에 한해 유효함을 명심해야 합니다.

남을 움직이게 하려면 나 자신을 움직여라.
세상을 움직이려면 일단 나 자신부터 움직여야 한다.

— 워렌 버핏(Warren Edward Buffett)[5]

---

4 권력: 원하지 않는 사람에 대해서도 자신의 지위 또는 세력을 이용하여 자신의 의지대로 행동하도록 강제 또는 지배하는 능력을 말한다.
5 워렌 버핏(Warren Edward Buffett): 미국의 기업인이자 가치주 투자자. 현 버크셔 해서웨이의 최대 주주이자 회장, CEO이다.

2. I'm OK, You're OK의 관점을 지녀라

에피소드

X는 올해로 밥벌이 25년 차의 베테랑 직장인입니다. 언론사에서 사회생활을 시작해, 닷컴 열풍 속에 IT벤처로 이직하였고 거품이 꺼지기 직전 탈출하여 자동차 제조기업에서 연구기획과 프로젝트 관리 경험을 쌓았습니다. 그리고 지금은 그 경험을 바탕으로 조직과 개인의 문제해결과 성장을 돕는 강사이자 전문코치가 되었습니다. X는 지금까지의 직장생활을 하며 가장 기억에 남는 사람으로 2명의 상사를 꼽습니다. 그중 한 명이 바로 성숙해 팀장입니다. 성숙해 팀장은 공장의 현장관리자로 일하다 X가 속한 연구기획팀의 팀장이 되었습니다. 그가 팀장으로 왔을 때 X는 크게 실망했습니다. 전폭적으로 믿고 따르기에는 그의 스펙이 부족해 보였기 때문입니다. 그러나 얼마 지나지 않아 그가 왜 연구기획팀장이 될 수 있었는지 알게 되었습니다.

성숙해 팀장 X님, 설계 이슈에 대한 대책을 마련해야 하는데, 어떻게 처리하면 좋을까요?

X 그 건은 저희팀에서 단독으로 대응하기 어렵습니다. 관련 팀의 협조가 필요합니다.

성숙해 팀장 그렇군요. 그럼, 제가 무엇을 지원하면 좋을까요?

X ○○팀과 ○○팀의 협력이 필요하니, 관련 팀장들에게 협조

요청을 해 주시면 좋겠습니다.

성숙해 팀장 알겠습니다. 관련 팀장들에게 오전 중으로 협조 요청을 해 두겠습니다. X님이 역할 수행을 잘해 주셔서, 우리 팀이 잘 기능할 수 있는 것 같아요. 항상 고맙습니다.

성숙해 팀장은 업무를 처리할 때 실무자의 생각을 묻고 경청을 합니다. 자신이 생각하는 방향과 실무자의 생각이 다를 때는 업무 수행을 위해 가장 합리적인 방안이 무엇인지 논의하는 것을 즐겼습니다. 시간이 흐르자, X는 성숙해 팀장과 함께 많은 성과를 내며 성장을 경험하게 됩니다. 성숙해 팀장은 몇 년 후 해외법인장이 되어 떠나게 됩니다. 그때 그가 남긴 말이 아직도 기억에 납니다.

성숙해 팀장 여러분 덕택에 제가 법인장이 될 수 있었습니다. 지금까지 정말 고마웠습니다.

성숙해 팀장과 함께하는 동안 팀원들의 자존감은 높아졌습니다. 그리고 그가 해외법인장이 되자 팀원들의 자부심은 최고조에 달하게 됩니다. 그리고 그의 후임으로 만나게 된 사람이 바로 '무능해 팀장'입니다.

무능해 팀장 X님, 보고서 어떻게 됐죠?

X 네, 팀장님. 여기 있습니다.

무능해 팀장 X님, 도대체 보고서를 왜 이렇게 작성했어요?

X 지시하신 대로 작성했는데, 뭐가 잘못됐나요?

무능해 팀장 X님도 참 대책 없는 사람이군요. 도대체 이렇게 작성하면 제가 부사장님께 어떻게 설명을 합니까? 제대로 좀 합시다.

X (……)

출처: 프랭크 언스트, OK 그램(1961) 응용

미국의 정신과 의사인 에릭번(Eric Bern)은 상호작용을 연구하는 교류분석(Transactional Analysis: TA)[6]에서 '저 사람은 왜 저렇게 행동하지?'라는 생각이 들 때, 마음속으로 위의 4분면의 매트릭스를 그

---

6 교류분석(Transactional Analysis:TA)은 1957년 미국의 정신과 의사인 에릭번(Eric bern)에 의해 창안된 인간의 교류나 행동에 관한 이론체계이자 동시에 거기에 의거하여 실시하는 치료요법이다.

려 보고 자신이 어떤 태도로 상대를 바라보고 있는지 점검하기를 조언합니다.

제1사분면은 '나도 옳고 당신도 옳다(I'm OK/You're OK)'의 태도입니다. 이러한 태도는 "나도 옳고, 당신도 옳다. 너도 괜찮고 당신도 괜찮다"라는 자신과 타인에 대한 존중을 담은 긍정적 삶의 태도를 말합니다. 이러한 태도를 보이는 리더는 상대를 위해 '어떤 도움이 필요할까? 내가 무엇을 좀 더 지원해 주면 좋을까?' 고민합니다. 바로 성숙해 팀장이 보여준 모습입니다.

제2사분면은 '내가 틀렸고, 당신이 옳다(I'm not OK/You're OK)'의 태도입니다. 타인을 긍정적으로 평가하고 자기보다 우월하다고 지각하는 태도를 말합니다. 이런 태도를 지닌 리더는 "내가 뭘 할 수 있겠어. 자네가 나보다 훨씬 뛰어나니 알아서 잘하겠지"라며 열등감과 자기 비하의 태도로 상대를 대합니다.

제3사분면은 '나도 틀렸고 당신도 틀렸다(I'm not OK/You're not OK)'의 태도입니다. 이런 관점은 가진 리더는 절망과 실망으로 특징 지어지는 비관론적인 태도를 보입니다. 이러한 태도를 가진 사람은 어떠한 노력도 기울이지 않으며 만사를 부정적으로 봅니다. '어차피 사람은 타고나지. 노력해서 되겠어? 너나 나나 가망이 없어'라는 관점을 가지고 상대를 대하게 되는 것입니다.

마지막 제4사분면은 '나는 옳고 당신은 틀렸다(I'm OK/You're not OK)'의 태도입니다. 이런 관점은 상대에게 독선적이고 자기도취적인 우월감을 드러내곤 합니다. 이로 인해 다른 사람에게 강압적이며 불신, 증오, 비난의 태도를 보입니다. 위의 에피소드의 무능해 팀장은 바로 이 경우에 해당됩니다. 물론 리더가 싫은 소리를 해야 할 때가 있습니다. 이때 상대에 대한 존중을 바탕으로 더 나은 방안을 제안해 긍정적 행동 변화를 이끌기 위해서는 '나'도 '상대'도 모두 옳다는 태도를 지녀야 합니다.

진짜 리더는 'I'm OK/You're OK(자기긍정/타인긍정)'의 태도를 지니고 있습니다. 이러한 태도를 지닌 리더는 올바른 관점으로 자신과 상대를 바라보며 긍정적인 영향력을 발휘합니다.

3. 목표를 달성하는 것은 '감정'을 가진 사람이다

에피소드

중역회의에 다녀온 공감해 상무의 얼굴 표정이 심각해 보입니다. 아니다 다를까 중역회의에서 공감해 상무가 대표이사로부터 엄청 깨졌다는 소식이 들려옵니다. 그리고 잠시 후 사내 메신저로 공감해 상무가 X를 호출합니다.

X 부르셨습니다. 상무님.

공감해 상무 앉으세요.

X 네, 상무님.

공감해 상무 제가 지금 화가 많이 났습니다. 오늘 중역회의에서 봄날 남냥 송역이 연구소에서 업무 지원을 해주시 않아 고객사가 요청한 것을 기한 내 처리할 수 없었다며 대표이사님 앞에서 컴플레인을 했습니다. 그런데 제가 전혀 모르는 안건이더군요. 대표이사님은 제가 연구소 상황도 파악하지 못하고 있다며 중역들 앞에서 큰소리로 역정을 내셨습니다. 당연히 연구소장인 제가 파악하고 있어야 하는 안건이었어요. 앞으로 이런 일이 두 번 다시 발생하지 않도록 신경 써 주세요. 그래야 제가 담당임원으로서 역할을 잘 수행할 수 있습니다.

X 네, 알겠습니다. 상무님, 앞으로 주의하겠습니다.

X는 상사들이 화를 내는 모습을 여러 번 본 적이 있습니다. 주로 큰소리로 꾸짖거나, 상대를 탓하며 삿대질을 하는 경우도 있었습니다. 그런 X에게 공감해 상무의 모습은 생경했습니다. 낮은 목소리로 천천히 자신이 화가 났음을 표현한 그의 모습에 X는 오히려 더 큰 긴장감을 느꼈습니다. 그리고 자리로 돌아와 앞으로 무엇을 챙겨야 할지 차분히 점검하였습니다.

감정과 기분은 타인에게 쉽게 전이됩니다. 리더는 구성원에 비해 기쁨이나 분노 등의 감정을 더 자유롭게 표현할 수 있는 위치에 있기 때문에 리더의 감정과 기분은 구성원에게 영향을 미치게 됩니다. 그리고 이러한 상황에서 특히 부정적 감정이 긍정적 감정보다 파급력이 훨씬 큽니다. 미국의 심리학자 다니엘 골먼[7]은 소비자 또는 종업원의 감정을 건드려서 진심에서 우러나는 지지와 열정을 얻어내는 능력을 감성지능(Emotional Intelligence)이라는 개념으로 설명했습니다. 감성지능이란 '감정과 느낌을 통제하고 조정할 줄 아는 능력'을 말합니다. 이는 '자기 자신 및 다른 사람들의 감정을 인식하고 스스로 동기를 부여해 자신의 감정과 다른 사람의 감정을 효과적으로 관리하기 위해 필요한 능력'입니다.

위 에피소드 속에 등장한 공감해 상무는 자신의 부정적 감정을 인식하였고, 이를 상대에게 효과적으로 전달하여 관계를 훼손하지 않으면서도 원하는 것을 달성합니다. 이러한 모습은 감성지능이 높은 리더에게 나타납니다. 리더가 상대하는 것은 기계가 아니라 감정을 가진 사람이므로, 리더의 감성지능은 높아야 합니다.

감성지능을 키우려면 우선 자신이 느끼는 감정을 빨리 인식하고 알아차리는 능력인 자기인식(Self-awareness)이 우선되어야 합니다. 자기인식 능력은 자신의 능력에 현실적인 평가를 내리고 적

---

7   다니엘 골먼(Daniel Goleman): 세계적인 심리학자이자 가장 영향력 있는 경영사상가 중 한 사람. 현재 미국과학진흥회의 특별회원으로 활동하고 있으며 감성지능(EQ: Emotion Intelligent)라는 개념을 만들었다.

절한 자기 확신을 갖는 능력도 포함됩니다. 자신의 감정 상태를 모르면서 다른 사람의 감정을 잘 이해하기란 불가능하기 때문에 자기인식이 부족한 리더에게는 문제가 발생합니다. 자기인식이 낮은 리더는 불필요하게 자기 잘난 척을 하거나 남을 비난합니다. 구성원들이 불편해하는데 정작 본인은 전혀 모르고 있기도 합니다. 자기 기분에 취해 남의 감정을 알지 못하고, 결국 후회할 언행을 하곤 합니다. 개인적인 호불호와 이성적 판단을 혼동하기도 합니다. 자신이 옳다고 주장하는 이야기를 한참 들어보면 결국 '마음에 들지 않는다'는 감정 때문인 경우가 많습니다.

자기인식이 부족하면 내부 갈등이 발생했을 때 이를 합리적으로 조율할 수 없게 됩니다. 일은 사람이 합니다. 일이 뜻대로 되지 않을 때 욱하고 감정을 분출하게 되면 일도 순식간에 어그러지고 맙니다. '한 번 더 참을걸' 하고 뒤늦게 후회를 해도 이미 물은 엎질러진 상태입니다.

조선왕조실록에 의하면 성군으로 칭송받는 세종대왕이 화를 낸 기록은 총 21회로 월평균 0.06회였다고 합니다. 리더가 목표를 더 잘 달성하기 위해 강하게 표현해야 할 때도 분명 있습니다. 그러나 화도 지혜롭게 내야 합니다. 이것이 진짜 리더의 자세입니다.

4. 신뢰 계좌의 잔고를 쌓아라

리더십 스킬도 대화 프로세스도 엉성하지만, 그래도 그(녀)의 이야기라면 고개를 끄덕이며 긍정적으로 수용했던 경험이 있나요? 그렇다면 그건 그(녀)에 대한 '신뢰'가 있었기 때문일 것입니다. 세련된 대화를 구사해도 누군가의 이야기는 가식적으로 느껴지고, 투박하고 서툴지만 누군가의 이야기에는 귀가 기울여지는 이유이기도 합니다. 신뢰가 형성되는 과정은 단순하지 않습니다. 데이비드 마이스터 외(2009)는 『신뢰의 기술』[8]에서 신뢰(Trust)는 전문성과 정직함에서 오는 믿음(Credibility)과 약속과 이행이 연결된 경험의 반복, 즉 일관성에 대한 예측가능성(Reliability), 그리고 감정적인 믿음인 친밀감(Intimacy)을 합한 값을, 자기중심성(Self-orientation)으로 나누어 산출된다고 하였습니다. 그리고 이를 아래와 같이 신뢰 방정식으로 표현하였습니다.

$$T = \frac{{}^{1)}C_{readibility} + {}^{2)}R_{eliability} + {}^{3)}I_{ntimacy}}{{}^{4)}S_{elf\text{-}orientation}}$$

Trustworthiness

---

8   데이비드 마이스터, 로버터 갤포드, 찰스 그린, 『신뢰의 기술』, 해냄, 2009.

리더십과 신뢰는 매우 높은 정적 상관관계를 가지고 있습니다. 진짜 리더로 거듭나기 위해 신뢰를 쌓아야 하는 이유입니다.

1) 믿음(Credibility)

믿음은 전문성, 경험, 역량을 기반으로 합니다. 그리고 이러한 전문성과 경험, 역량을 보유하고 있음을 확인하는 방법은 바로 그 사람이 하는 '말'에 있습니다. 말을 이용해 자신이 알고 있는 분야에 대한 전문성이나, 경험을 표현합니다. 높은 전문성과 다양한 경험을 가지고 있더라도 '말'로 표현하지 못하면 믿음을 줄 수 없습니다. 말하는 능력, 즉 커뮤니케이션 능력이 높여야 신뢰가 쌓입니다.

2) 예측가능성(Reliability)

예측가능성은 평소 약속한 것을 반드시 지키려고 하는 모습과 이에 대한 반복된 경험을 말합니다. 약속한 것을 지키는 모습을 평소 반복적으로 보여주었다면 당신의 행동은 타인에게 높은 예측가능성을 선사하게 됩니다. 만약, 당신이 '말'로 약속한 것을 '행동'으로 하지 않는다면 누군가는 '실망'하게 될 것입니다. 반대로 당신이 '말'하지 않고, '행동'을 하게 되면 누군가는 '당황'할 수 있습니다. 때문에 예측가능성을 높이기 위해서는 '말'과 '행동'의 일관성, 즉 언행일치가 지속되어야 합니다.

3) 친밀감(Intimacy)

친밀감은 '감정'과 관련된 것으로 민감하고 개인적인 이슈를 편안하게 이야기할 수 있는 사이인가를 말합니다. 친밀감이 높으면 상대에 대한 신뢰가 높아집니다. 역량도 뛰어나고 약속도 잘 지키지만, 그 사람과 정서적 친밀도가 낮다면 전적으로 신뢰하기 어렵습니다. 친밀감을 높이려면 평소 상대에게 관심을 갖고 애정이 있음을 드러내는 것이 필요합니다. Small Talk으로 자신을 개방하거나, 대화 시간을 따로 마련하는 것 등이 필요합니다.

4) 자기중심성(Self-orientation)

자기중심성은 '나의 동기(Motivation)'와 관련된 것으로 '신뢰의 구성요소인 믿음, 예측가능성, 친밀감이 누구를 위한 것인가?'에 대한 것입니다. 자기중심성이란 자신이 모든 일의 중심이라 생각하면서 세상을 해석하는 성향을 말하며, 자기중심적 성향이 강하면 신뢰 지수는 낮아집니다. 때문에 신뢰를 높이기 위해서는 자기중심성을 낮춰야 합니다. 아래 문항을 통해 자기중심성을 진단해 보십시오.

아래의 항목들은 자기중심성[9]과 관련된 것들입니다. 떠오르는

---

9 자기중심성 지수(Self-Centeredness Scale): Belinda H. Board, Dennis K. Mumby, and Karen M. (Jordi) Doerksen이 개발한 진단 도구이다. 1998년에 "Self-Centeredness and the Social Perspective-Taking Process: The Development and Validation of a New Measure"라는 논문에서 이 진단 도구를 제안하였다.

대로 솔직하게 답변해 보십시오.

	문항	진단점수
1	나는 다른 사람보다 뛰어나다고 생각한다.	
2	나는 내 생각이 가장 중요하다고 느낀다.	
3	나는 내가 무엇을 원하는지 명확하게 말할 수 있다.	
4	나는 다른 사람들의 의견을 듣는 것보다 내 의견을 말하는 것이 더 좋다고 생각한다.	
5	나는 내가 틀렸다는 것을 인정하기 힘들다.	
6	나는 다른 사람들이 나를 어떻게 생각하는지 자주 생각한다.	
7	나는 내가 주목받지 않을 때 불쾌하게 느낀다.	
8	나는 대부분의 사람들보다 더 잘 생겼다고 생각한다.	
9	나는 다른 사람들이 내 생각에 동의하지 않을 때 상처를 받는다.	
10	나는 내가 원하는 것을 얻지 못할 때 화가 난다.	
11	나는 내가 가진 것보다 더 많은 것을 원한다.	
12	나는 내가 다른 사람들에 비해 더 특별하다고 생각한다.	
총점		

1. 전혀 아니다   2. 가끔 그렇다   3. 평소에 그렇다   4. 꽤 자주 그렇다   5. 항상 그렇다

Board, Mumby, and Doerksen(1998)는 대학생을 대상으로 한 실증 연구를 수행하면서 위의 '자기중심성 진단' 문항에 대한 타당성과 신뢰도를 검증하였습니다. 그 결과 자기중심성 점수의 평균

은 24점이고, 표준 편차는 6.5점이었습니다. 그러나 이러한 평균값과 표준 편차는 개인의 성격 특성이나 특정한 상황에 따라 달라질 수 있으므로, 자기중심성 지수의 진단 점수를 해석하는 데 있어서 절대적 기준은 아닙니다. 단, 자기중심성 진단 결과는 총점이 높을수록 자기중심적인 특성이 강한 것이므로 리더는 지속적인 점검을 통해 자기중심성을 낮추기 위한 노력을 해야 합니다.

5. 이슈(issue)가 아니라 사람(people)에 초점을 맞춰라

에피소드

신나해 프로는 실수가 잦습니다. 보고서 제출 전 꼼꼼하게 체크를 하지 않아 오타가 자주 눈에 띄고, 요약장표의 숫자와 Back data의 숫자 합이 일치하지 않는 경우가 종종 있습니다. 실수가 반복될 때마다 지시해 팀장은 실수하지 않는 방법을 꼼꼼히 알려주었습니다.

지시해 팀장 보고서는 신뢰가 생명이야! 여러 번 주의를 주는데도 왜 매번 같은 실수를 반복하지? 보고서를 작성한 다음에는 반드시 검수를 해야 해. 본인 눈에 오타가 보이지 않는다고 없는 건 아니야. 동료 검토까지 한 다음에 보고해 줘. 알았지? 숫자는 계산기만 두드려도 나올 텐데, 설마 암산으로 하는 거 아니지?

제발 계산기 좀 써.

신나해 프로가 고개를 끄덕이며 듣는 것을 보며 지시해 팀장은
나름대로 중요한 포인트를 가르쳤다고 생각했습니다. 그러나 신나
해 프로의 일 그 이후에도 계속 됩니다. 사실 신나해 프로 입장
에서는 지시해 팀장의 조언은 그저 자기 경험에 의존한 훈계에 불
과했습니다. 정작 신나해 프로가 느끼는 진짜 문제가 무엇인지, 어
떤 어려움이 있고 어떤 시도를 해보았는지에 대해서는 물어본 적
이 없습니다. 그런 지시해 팀장을 보며 신나해 프로는 답답하고 억
울한 마음이 들곤 했습니다. 그렇게 시간이 흘렀고 지시해 팀장은
더 이상 신나해 프로가 개선 의지가 없다고 생각해 인사팀의 전환
배치를 요청했습니다. 결국 신나해 프로는 X가 있는 팀으로 오게
됩니다.

X가 관찰한 신나해 프로는 소문대로 잔 실수가 많았습니다. 그
러나 X는 지시해 팀장과는 다른 방식으로 접근합니다.

X 신나해 프로는 어떤 직장인이 되고 싶어요?
신나해 프로 X님처럼 멋진 직장인이 되고 싶어요.
X 기분이 좋네요. 신나해 프로가 생각하는 멋진 직장인은 어떤
모습인가요?
신나해 프로 다른 사람 도움 없이도 주어진 일을 멋지게 해내는

거요. 또 새로운 일을 기획해서 성공시킨다면 진짜 멋질 거 같아요.

X 그렇군요. 이야기 듣고 보니 그런 모습이라면 진짜 멋진 직장인이라고 할 수 있겠네요.

신나해 프로 생각만 해도 신이나요. 사실 저는 이 회사에 꼭 들어오고 싶었어요. 입사했을 때 얼마나 기뻤는지 몰라요. 그런데 자꾸 실수를 하고, 상사한테 야단을 맞으니 의기소침해지고 열정이 사라졌어요.

X 그랬군요. 멋진 직장인이 되고 싶은데, 지금의 모습은 그렇지 않다고 생각하는군요. 어떻게 하면 예전의 열정을 되찾고 멋진 직장인이 될 수 있을까요?

신나해 프로 (……) 제대로 해야죠! 말을 하다 보니 제가 뭐가 부족한지 알게 됐어요. 멋지게 성공시키려면 그만큼 실력을 갖춰야 하는데, 지금까지 허드렛일처럼 느껴지거나 중요하지 않은 일은 대충하고 있었어요. 대화를 하다 보니 제가 뭐가 부족한지 알게 되었어요.

X 훌륭합니다. 그렇다면 앞으로 무엇을 다르게 해 보면 좋을까요?

신나해 프로 멋진 직장인이 되려면 맡은 일은 제대로 하는 게 필요합니다. 일을 할 때 철저히 계획하고 꼼꼼히 체크해서 실수를 줄이겠습니다.

무엇이 신나해 프로의 변화를 가져오게 한 것일까? 대부분의 리더는 이슈가 발생하면 상대가 가진 문제 자체를 해결해주는 데 골몰하곤 합니다. 하지만 뛰어난 리더는 이슈뿐만 아니라 그 뒤에 있는 '사람'에 더 초점을 둡니다. 사람마다 타고난 것도 다르고 자라온 환경도 다릅니다. 각자가 가지고 있는 삶의 역사가 다르기 때문에 사람은 누구나 복합한 존재이며 니피 니편 고 하나의 우주다 힐 수 있습니다. 때문에 같은 이슈라도 사람마다 맥락을 완전히 다르게 이해합니다. 리더가 구성원과 대화할 때 지금 당장 눈에 보이는 이슈에만 초점을 두기보다는 '어떤 사람이 되고 싶은지', '현재는 어떤 상태인지', '업무에서 성과를 내는 것이 자신의 삶에 어떤 의미가 있는지' 등과 같이 그 사람 자체에 초점을 두는 것이 필요합니다.

6. 책임은 혼자 지는 것이 아니다. 함께 지는 것이다

시장조사 전문기업 엠브레인 트렌드모니터가 전국 만 19세~59세 직장인 남녀 1,000명을 대상으로 포스트코로나 시대의 '리더십' 관련 인식 조사를 실시[10]하였습니다. 그 결과를 보면, 조직의 리더가 갖춰야 할 자질로 '책임감(53.6%, 중복응답)이 가장 높게 나타났습

---

[10] 엠브레인 트렌드모니터, '포스트코로나 시대의 리더십 관련 인식 조사', 조사기간: 2020.7.17.–21, 대상: 전국 만 19세~59세 직장인 남녀 1,000명

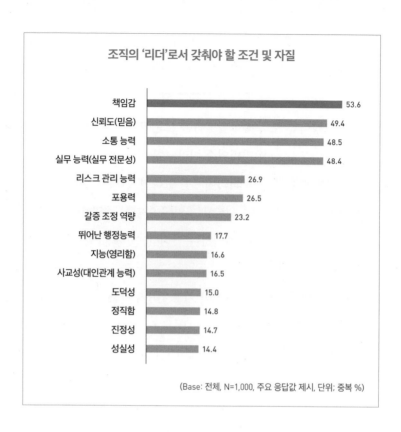

조직의 '리더'로서 갖춰야 할 조건 및 자질

항목	값
책임감	53.6
신뢰도(믿음)	49.4
소통 능력	48.5
실무 능력(실무 전문성)	48.4
리스크 관리 능력	26.9
포용력	26.5
갈등 조정 역량	23.2
뛰어난 행정능력	17.7
지능(영리함)	16.6
사교성(대인관계 능력)	16.5
도덕성	15.0
정직함	14.8
진정성	14.7
성실성	14.4

(Base: 전체, N=1,000, 주요 응답값 제시, 단위; 중복 %)

니다.

책임감이란 자신이 해야 할 일이 무엇인지 알고 끝까지 맡아서 잘 수행하는 태도를 말합니다. 그렇다면 리더는 어디서부터 어디까지 책임을 져야 할까요? 조직이론과 경영전략 분야의 세계적인 권위자인 피터 드러커는 리더의 책임은 조직의 목적과 임무를 정의하고 목표와 목적을 설정하는 것이라고 말합니다. 그는 또한 사람들이 이러한 목표를 향해 효과적으로 협력할 수 있도록 하는 조직 구조와 시스템을 만들고 유지 관리할 책임이 리더에게 있다고 했습니다. 즉, 리더의 책임은 사람들이 공동의 목표를 향해 효과적으로 협력하여 조직의 목적과 임무를 완수하도록 보장하는 데 있습니다. 그렇다면 조직에서 발생하는 모든 일의 '목표, 과정, 결과'에 대한 책임은 온전히 리더의 몫이라고 봐야 할까요?

모든 일에 대한 책임이 리더에게만 있다면, 리더는 모든 일에 책임을 지기 위해 구성원이 수행하는 일에 일일이 개입해야 합니다. 그런데 리더가 모든 일에 개입하는 것이 과연 옳은 일일까요? 가능하기는 할까요?

구인구직 매칭플랫폼 사람인이 기업 316개 사를 대상으로 '코로나 시대의 인재상 평가'에 대한 조사[11]를 한 결과, 32.4%가 코로나를 겪으면서 인재상과 평가에 '변화가 있다'고 밝혔습니다. 그리고 이 조사에 의하면 코로나 이후 중요하게 평가하게 된 인재상은 '책임감(48.1%, 복수응답)'이 1위인 것으로 나타났습니다.

리더에게 가장 중요한 자질도, 구성원에게 가장 중요한 역량도 '책임감'입니다. 다시 말하자면, 책임감은 리더뿐만 아니라 구성원에게도 중요하다는 것입니다. 리더는 조직의 방향성과 목표를 정하고, 구성원이 이를 이해하고 공감할 수 있도록 공유해야 합니다. 또한 구성원에게 적절한 권한과 책임을 부여하여 자율성과 책임감

---

11 사람인, '코로나 시대의 인재상 평가', 조사기간: 2021년 3월, 대상: 기업 316개사

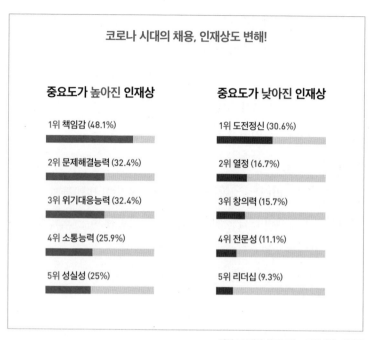

기업 316개사 설문조사   자료제공: 사람인

을 갖게 하는 것이 중요합니다. 때문에 리더가 혼자 책임을 짊어지기보다는 구성원이 함께 책임을 질 수 있도록 리더십을 발휘해야 합니다. 그리고 구성원이 함께 책임지는 조직을 만들기 위해 리더는 다음과 같은 역할을 수행해야 합니다.

첫째, 리더는 조직의 기대치와 기준을 모든 구성원에게 명확히 전달해야 합니다. 여기에는 목표, 일정 및 개인의 책임이 포함됩니다. 명확한 기대치는 각 구성원에게 기대하는 바에 대한 오해와 혼동을 방지해 줍니다.

둘째, 리더는 조직의 목표와 목표에 부합하는 성과 측정 기준을 설정하고 공유해야 합니다. 이러한 기준은 개인 및 팀 성과를 평가하는 데 사용되어야 하며 보상 및 인정의 기준이 되어야 합니다.

셋째, 리더는 구성원에게 다양한 프로젝트 기회를 제공하여 협업 및 팀워크를 촉진해야 합니다. 이를 통해 구성원은 모두가 동일한 목표를 향해 노력하고 있다는 것을 알게 되고, 상호 신뢰와 책임이 증진됩니다.

마지막으로 리더는 책임 문화를 조성해야 합니다. 특히 리더가 구성원의 행동에 미치는 영향이 큰 만큼 책임감 있는 모습을 보여주어야 합니다.

7. 보이지 않는다고 변화가 없는 것은 아니다

에피소드

X   지난번에 부탁한 보고서는 어떻게 되고 있나요?

무심해 프로   도저히 시작할 수가 없습니다.

X   그렇군요. 어려운 부분에 대해 말해 줄래요?

무심해 프로   어디서부터 시작해야 할지 잘 모르겠습니다. 자료는 많은데 뭘 어떻게 정리해야 하는지 감을 잡을 수가 없습니다.

X   자료를 수집해 두었군요. 잘하셨습니다. 생각을 정리하는 데 도움이 되도록 개요를 짜는 것은 어떨까요?

무심해 프로   좋은 생각인 것 같습니다.

X 좋습니다. 몇 가지 참고할 수 있는 템플릿과 자료를 공유할 게요. 도움이 될 겁니다.

무심해 프로 지원해 주셔서 정말 감사합니다.

X는 함께 일하는 '무심해 프로'를 보며 늘 안타깝게 생각했습니다. 자신에게 행동 변화가 필요하다는 것을 알고는 있지만, 노력하는 모습이 보이지 않았기 때문입니다. 이와 달리 '실행해 프로'와 일을 하면 리더로서 큰 성취감을 얻곤 합니다.

X 지난번에 부탁한 보고서는 어떻게 되고 있나요?

실행해 프로 네, 대부분 끝냈어요. 지금은 디테일 몇 가지를 수정하고 있습니다.

X 그렇군요. 진척이 굉장히 빠르네요. 빨리할 수 있는 비결은 뭔가요?

실행해 프로 보고서를 준비할 때 작은 세션을 나누고 각 세션의 마감일을 설정한 것이 일정 준수에 집중할 수 있도록 해준 것 같습니다.

X 좋네요. 다음에도 같은 방식을 적용하면 좋겠네요. 보고서 작업하면서 어려웠던 점은 없나요?

실행해 프로 어떤 자료를 수집해야 하는지 결정하는 것이 쉽지 않았습니다.

X 그랬군요. 어떻게 해결했나요?

실행해 프로 네, 개요를 먼저 짜서 생각을 정리한 후 동료에게 검토를 요청했어요. 그렇게 개요를 확정한 후 개요에 맞춰 필요한 자료를 수집하는 방식으로 접근했습니다.

X 훌륭합니다. 개요를 정리할 때 다른 사람의 피드백을 구하는 것신 비빌관 신대에이다. 그리고 개요에 맞춰 필요한 자료를 수집하게 되며 불필요한 시간 낭비를 줄일 수 있겠네요. 작성한 보고서의 품질 수준은 어떤가요?

실행해 프로 꽤 자신 있습니다. 검토해 보시죠.

X 자신의 일에 자부심을 갖고 스스로의 성취를 인정하는 것이 보기 좋네요. 보고서 작성해 줘서 고맙습니다. 앞으로 제가 지원할 일이 있다면 언제든 알려주세요.

위의 사례에 나온 '무심해 프로'는 자신에게 변화가 필요하다는 것을 알고는 있지만, 변화 의지가 낮아 보입니다. 이러한 구성원에게 리더십을 발휘할 때는 상대에게 변화를 재촉하기보다는 인내심을 갖고 좀 더 이해하고 배려하는 것이 필요합니다. 문제가 있다고 바라보기보다는 작은 변화도 놓치지 말고 적극적인 독려와 지원을 통해 변화 동력을 제공해야 합니다. 반면, '실행해 프로'는 이미 변화를 적극적으로 실행하고 있는 구성원입니다. 리더의 역할은 그가 지속적으로 변화를 유지할 수 있도록 지원하는 데 있습니다. 이를 위해서는 성과에 대한 긍정적인 피드백을 제공하고, 지속적으로 도전할 수 있도록 지지해야 하며, 더 많은 것을 배우도록 촉진하는 것이 필요합니다.

행동 변화의 기초가 되는 사람의 심리는 매우 복잡합니다. 프로차스카[12]와 디클레멘트[13]가 개발한 변화모델(model of change)에 의하면 바람직하지 않은 행동에서 바람직한 행동으로 이동할 때 사람들은 단계를 거쳐 변화합니다.

사람은 행동 변화에 있어 각자 속도가 다릅니다. 리더는 사람마다 변화 속도가 다르다는 것을 염두에 둬야 합니다. 리더가 구성원의 행동 변화를 기대한다면, 이때 가장 먼저 해야 할 것은 구성원이 변화의 어느 단계에 있는지 파악하는 것입니다. 위 사례의 무심해 프로는 심사숙고 단계에, 실행해 프로는 유지단계에 있습니다. 상대가 변화의 어느 단계에 있느냐에 따라 리더의 접근법도 달라져야 합니다.

---

12 프로차스카(James Prochaska): 로드아일랜드 대학(University of Rhode Island)의 암 예방 연구 센터의 심리학과 교수이다. 그는 1983년부터 TTM(Transtheoretical Model of Behavior Change)의 수석 개발자였다.
13 디클레멘트(Carlo DiClemente): 스크랜튼 대학(University of Scranton)의 심리학 석좌교수이며, Psychiatry at State University of New York Upstate Medical University 의 겸임교수이자, 면허가 있는 임상심리학자이다.

프로차스카(James Prochaska)의 변화 단계 모델에 따른 리더의 대응 전략

단계	특징	상태	리더의 대응 전략
무기ㅅ	변화가 필요하다는 인식이 없는 상태	현재 상황에서 만족하고 있으며, 문제가 있다는 인식이 없거나 무시함	• 구성원과 관계를 구축함 • 구성원이 변화의 필요성을 인식하고 ㅅㅣ팀구를 휨 ㅜ 있도록 펴ㅂ를 제공함
심사숙고	변화가 필요하다는 인식이 생겼지만, 아직 변화를 실천하지는 않은 상태	현재 상황과 변경사항의 장단점을 고민함	• 구성원의 목표를 명확히 하고 행동에 대한 자신의 양면성을 탐구하도록 도움 • 준비 단계로 이동할 수 있도록 지원과 격려를 제공
준비	변화를 실천하기로 결심한 상태	실제로 어떻게 변화를 이룰 것인지 계획함	• 구성원이 목표를 구체적으로 설정할 수 있도록 지원함 • 목표 달성을 위한 실행 계획을 수립하고, 잠재적 장애물과 해결책을 식별하고, 조치를 취할 수 있도록 도움
실행	변화를 실제로 시도하는 상태	계획한 방식대로 행동을 취하며, 문제에 대한 대처 전략을 개발함	• 실행 단계에 있는 구성원에게 지속적인 지원, 격려, 피드백을 제공함 • 장애물을 극복하도록 돕고 필요에 따라 지원을 지속함
유지	변화를 유지하기 위한 상태	변화를 계속해서 유지하려고 노력하며, 그 과정에서 미묘한 조정과 개선을 수행함	• 행동 변화를 성공적으로 이룬 구성원에게 인정과 칭찬을 통해 긍정적인 강화를 제공함 • 부정적 문제가 재발하지 않도록 문제를 식별하고 지속적인 지원을 제공함 • 새로운 목표를 설정하도록 격려하고, 그 과정에서 성공을 축하해야 함

8. 상대를 높이기 위해 '나'를 낮추지 말아라

에피소드

자신의 리더십이 부족하다고 느꼈던 X는 리더십 교육에 참여하였습니다. 교육을 들으며 자신이 칭찬에 인색하다는 것을 깨닫게 되었고 앞으로 칭찬을 많이 해야겠다는 굳은 다짐을 합니다.

X 이번 기획안 정말 훌륭합니다. 거만해 프로 실력이 대단하네요. 제가 그 업무를 처음 맡았을 때는 이 정도로 해내지 못했거든요. 정말 대단합니다.

거만해 프로 그런가요. 제가 X님보다 일을 잘한다니 기분이 좋습니다.

칭찬의 효과는 대단했습니다. 거만해 프로는 하루 종일 기분이 좋은지 연신 웃으며 일을 했고, 팀 회의에도 적극적으로 의견을 제시하였습니다. 그런데 X는 왠지 기분이 좋지 않았습니다. 영혼을 판 기분이랄까요? 거만해 프로의 기획안은 그리 대단한 수준이 아니었습니다. 그저 칭찬을 하라고 하니 과장을 했던 것입니다. 거만해 프로가 기분이 좋으니 잘한 일이라고 스스로를 위로하려 해도 왠지 찝찝한 기분이 듭니다. 하지만 그 이후에도 X는 열심히 칭찬을 했습니다. 그런데 칭찬을 하면 할수록 기분이 다운되고 우울합니다. '내가 그렇게까지 해서 리더십을 발휘해야 하나?'라는 자괴

감마저 듭니다.

　'겸손이 미덕'이라는 말이 있습니다. 그래서일까요? 어떤 리더
는 구성원을 칭찬할 때 자신을 낮추고 상대방을 높이기도 합니다.
리더가 자신을 낮추고 상대를 높이면 상대방과의 관계에 긍정적인
영향을 미칠 수도 있습니다. 그러나 이러한 칭찬 방식은 몇 가지
잠재적 부작용을 가지고 있습니다.

　첫째, 지나치게 칭찬을 받은 구성원이 자신에 대한 잘못된 인
식을 가지게 될 우려가 있습니다. 즉 자기 능력을 과신하게 되어
안주할 수 있고 이는 개인의 발전과 조직 발전을 저해할 수 있습
니다.

　둘째, 리더의 칭찬은 구성원에게 자신에 대한 높은 기대치로 해

석됩니다. 리더가 높은 기대치를 자신에게 가지고 있다는 것을 느끼게 되면, 압박감과 스트레스를 받을 수 있고 궁극적으로 번아웃이나 성과 저하로 이어질 수 있습니다.

셋째, 특정한 구성원이 리더로부터 과한 칭찬과 인정을 받는다면 이를 지켜보는 다른 구성원은 소외감을 느끼거나 자신이 과소평가되고 있다고 생각할 수 있습니다. 이는 형평성 이슈로 확대되거나, 팀 전체의 사기를 떨어뜨리는 원인이 될 수도 있습니다.

넷째, 리더의 신뢰도와 권위를 약화시킬 수 있습니다. 다른 구성원이 리더의 판단에 의문을 제기할 수 있으며 이는 존경과 신뢰 훼손으로 이어질 수 있습니다.

마지막으로, 리더 자신의 자존감에도 부정적 영향을 미칩니다. 상대를 높이기 위해 자신을 낮추는 방식의 칭찬이 반복되면 어느 순간 자신의 존재에 대한, 그리고 리더의 역할에 대한 의문과 자괴감이 들 수 있습니다.

리더가 구성원을 칭찬하고 인정하는 것은 중요합니다. 그러나 칭찬을 위한 칭찬을 하거나, 상대의 기분을 좋게 해주기 위해 자신을 낮춰 상대를 높이는 것은 위험합니다. 칭찬을 받는 구성원이 어떻게 받아들일지, 이를 지켜보는 다른 구성원들은 어떻게 해석할지를 염두에 두어야 합니다. 특정 구성원을 인정하다 보면, 상대적으로 전체 구성원을 위한 공정성이 훼손될 수 있습니다. 또한 과한 칭찬으로 구성원이 자신의 역량을 과신하거나 자기만족을 조장하지 않도록 주의해야 합니다. 덧붙여 리더 자신의 존재감이 훼손되지 않도록 주의가 필요합니다. 리더로서 리더십을 발휘해야 한다는 것은 '자신을 버리는 것'이 아니기 때문입니다. 리더로서 리더십을 발휘한다는 것은 타인뿐만 아니라 자신에 대한 인정과 존중도 포함됩니다.

9. 리더십에는 정답이 없다.
다양한 해답이 존재할 뿐

에피소드

X의 팀에는 다양한 구성원이 있습니다. 갓 입사해 의욕만 앞서는 무모해 프로, 시키면 하지만 나서서 하는 법이 없는 변명해 프로, 할 줄 알지만 오히려 분위기를 흐려놓는 고민해 프로, 유일하게 믿고 의지하는 우수해 프로가 있습니다.

최근에 X는 자신의 리더십 한계를 극복하고자 열심히 '코칭 리더십' 훈련을 받았습니다. 코칭 리더십이란 리더가 조직구성원과의 양방향 커뮤니케이션을 통해 상호신뢰를 쌓고 조직구성원이 스스로 역량을 개발하도록 동기부여 하며, 문제를 해결하고 목표를 달성할 수 있도록 지원하는 수평적 리더십을 말합니다. 이에 맞는 리더십을 보여주고자 X는 코칭철학[14]을 바탕으로 팀원들에게 코칭리더십을 발휘하였습니다. 그런데 질문을 하면 '모르겠다' 또는

'자세히 좀 알려 달라'는 무모해 프로, '창의적인 방법은 뭐가 있을까?'라는 질문에 늘 똑같은 답변을 내놓는 변명해 프로, 도전적인 과제를 제시하면 회사 탓, 남 탓을 하며 거부하는 고민해 프로, 코칭대화를 하려고 하면 바쁘다며 회피하는 우수해 프로를 보며 X는 뭔가 잘못되어 가고 있다는 것을 느끼기 시작합니다.

허쉬[15]와 블랜차드[16]는 1969년에 Situational Leadership Model을 발표했습니다. 이 모델은 리더십의 효과성을 설명하기 위해 리더의 행동을 과업지향성과 관계지향성으로 나누고 각각의 특성을 부하직원의 성숙도에 따라 조사하였습니다. 그 결과 부하직원의 성숙도가 증가할수록, 리더는 과업지향성과 관계지향성 행동을 모두 줄이는 것이 효과적인 것으로 나타났습니다. 여기서 부하직원의 성숙도란 부하 직원의 준비 수준으로 특정 작업을 수행할 수 있는 능력과 의지에 따라 4가지 수준으로 구분합니다.

---

14 코칭철학: 1. 모든 사람은 창의적이고 완전성을 추구하고자 하는 욕구가 있다. 2. 누구나 내면에 자신의 문제를 스스로 해결할 수 있는 잠재능력을 가지고 있다. 3. 코치와 함께 함으로써 이를 더 쉽게 빨리 찾을 수 있다.
15 허쉬(Hersey): 노바 남동부 대학의 교수이며 저명한 리더십학자이다. 허쉬는 켄 블랜차드와 리더의 행동을 과업행동과 관계행동의 2차원을 축으로 한 4분면으로 분류하고, 여기에 상황요인으로 부하의 성숙을 추가하여 양자가 적합한 관계를 가질 때 조직의 유효성이 올라간다는 리더십 수명주기이론을 발표했다.
16 블랜차드(Ken Blanchard): 경영 관리와 리더십 분야의 권위자이며, 켄이란 애칭으로 잘 알려진 작가이자 유명한 연설가이다. 비즈니스 컨설턴트로서, 포춘지 선정 500대 기업 뿐 아니라 전 세계적으로 수많은 회사와 그 직원들에게 새로운 리더십과 동기 부여 이론을 강연했다.

구성원의 성숙도 수준

구분	특징	설명
성숙도 1단계	낮은 역량 높은 몰입도	구성원은 역량이 낮은 편임. 특정 작업을 수행하는 데 필요한 기술과 경험이 부족함. 그러나 높은 헌신을 가지고 있으며 배우려는 의지가 있음
성숙도 2단계	약간의 역량 낮은 몰입도	약간의 역량이 있는 편임. 어느 정도 지식과 경험을 얻었지만 독립적으로 작업을 수행할 자신감이나 동기가 부족함.
성숙도 3단계	높은 역량 유동적인 몰입도	역량이 높으며, 독립적으로 작업을 수행하는 데 필요한 기술과 경험이 있는 편임. 몰입도는 상황에 따라 유동적으로 변함
성숙도 4단계	높은 역량 높은 몰입도	높은 역량과 몰입도를 지니고 있음. 독립적으로 작업을 수행하는 데 필요한 기술, 경험 및 동기 수준이 높음

그렇다면 성숙도가 다른 구성원에게 적합한 리더십 스타일은 무엇일까요?

첫 번째 상황인 성숙도 1단계에 해당되는 구성원은 낮은 역량과 높은 몰입도를 특징으로 합니다. 이 상황의 구성원들은 작업을 수행하는 데 필요한 기술과 경험이 부족하지만, 배우려는 의지와 동기가 있습니다. 리더는 명확하고 구체적인 방향을 제시하고 구성원을 면밀히 감독하며 그들이 과업을 수행할 수 있도록 지속적인 피드백을 제공해야 합니다. 성숙도 1단계의 구성원에게는 무엇을 해야 하는지 명확하고 구체적으로 지시해야 합니다. 즉 이 단계의 구성원에게 적합한 리더십은 '지시 스타일'입니다. 주로 신입사원이나 자신이 원하는 직무로 전환해 실무 경험이 부족한 구성원이 이 단계에 속합니다.

두 번째 상황인 성숙도 2단계에 해당되는 구성원은 약간의 역량과 낮은 몰입도를 특징으로 합니다. 이 상황의 구성원들은 짧은 실무경험으로 약간의 지식과 경험을 가지고 있어 독립적으로 작업을 수행하기에는 역부족입니다. 리더는 구성원이 자신감을 가지고 업무를 수행할 수 있도록 지지와 격려를 제공해야 합니다. 리더는 이 단계의 구성원에게 동기를 부여하고 역량을 개발하도록 도와야 합니다. 즉 성숙도 2단계 구성원에게 적합한 리더십은 '코칭 스타일'입니다. 주로 직무 경험이 적은 주니어들이 이 단계에 속합니다.

세 번째 상황인 성숙도 3단계에 해당되는 구성원은 높은 역량과 유동적인 몰입도를 보입니다. 이 상황의 구성원은 작업을 수행하는 데 필요한 기술과 경험을 가지고 있지만 작업에 대한 동기나 헌신은 자신의 관심도에 따라 다를 수 있습니다. 리더는 구성원에게 책임을 위임하고, 필요에 따라 지원과 안내를 제공하고, 의사결정의 자율성을 부여해야 합니다. 이때의 리더는 구성원을 지원하고, 구성원과 함께 참여해야 하며 피드백과 인정을 제공하여 구성원에게 동기를 부여해야 합니다. 즉 성숙도 3단계 구성원에게 적합한 리더십은 수평적 관점의 '지원 스타일'입니다. 주로 독립적으로 일을 수행할 수 있는 시니어들이 해당됩니다.

마지막으로 성숙도 4단계에 해당되는 구성원은 높은 역량과 몰입도를 지니고 있습니다. 이 상황의 구성원은 독립적으로 작업을 수행하는 데 필요한 기술, 경험 및 동기를 가지고 있습니다. 리더는 구성원들에게 권한을 위임하고 그들에게 자율성을 부여하며 스스로 결정하도록 해야 합니다. 리더는 구성원이 독립적으로 작업할 수 있도록 최소한의 지침을 제공한 후 손을 떼는 것이 적합합니다. 즉 성숙도 4단계 구성원에게 적합한 리더십은 '위임 스타일'입니다. 주로 조직에서 핵심 인재로 인정받고 있는 구성원들이 이 단계에 속합니다.

리더의 리더십은 한 가지로 정의될 수 없습니다. 구성원의 성숙도 수준에 따라 다양한 리더십을 적합하게 채택해야 합니다. '나의 리더십 스타일에 맞춰'라고 말하던 시대는 지나갔습니다. 이제는 구성원에 따라 맞춤형 리더십을 발휘해야 합니다.

구성원의 성숙도에 따라 리더십을 발휘할 때 유의할 점은 구성원이 성숙도 1단계와 4단계에 해당하면 상대적으로 구분이 쉽지만, 2단계와 3단계에 있으면 어느 단계인지 구분하는 것이 쉽지 않습니다. 또한 구성원의 성숙도 수준은 상황에 따라 바뀔 수도 있으므로, 상황에 따른 대응과 구성원에 대한 지속적인 관심과 관찰이 필요합니다.

10. 진짜 리더는 상자 밖에서 세상을 본다

에피소드

X는 평소 구성원에게 문제가 발생하면 팀장으로서 '근본 원인 규명과 문제해결을 위해 진솔한 대화를 해야 된다'고 생각해 왔습니다. 그러던 어느 날 주도해 프로가 담당하는 업무에 문제가 발생합니다. 평소 자신이 생각했던 리더십을 발휘할 수 있는 순간이었지만, 주도해 프로가 문제가 터졌다며 헐레벌떡 뛰어오자 갑자기 화가 치밀어 올라옵니다.

X 도대체 주도해 프로는 몇 년 차인데 이런 문제 하나 해결하지 못해 매번 이 난리입니까? 도대체 뭐가 문제예요?

주도해 프로 팀장님, 제가 문제를 일으킨 게 아니라 외주업체에서 약속을 지키지 않은 겁니다.

X 외주업체 관리는 누구 담당입니까? 주도해 프로 담당 아닙니까? 아직도 남 탓이나 하고 있으니 참 한심하군요. (내가 야단을 치는 건 당연해. 왜냐하면 저 친구는 일하는 태도가 엉망이야. 항상 똑같은 실수를 반복하지. 좋은 말로는 개선이 안 돼. 혼이 나야 정신을 차릴 거야. 다 잘되라고 내가 이러는 거야)

주도해 프로 (무슨 팀장이 저래. 문제가 터지면 도와줄 생각을 안 하고 본인에게 불통 튈까봐 나한테 책임을 전가하잖아. 리더십도 없는 사람이 팀장이라고 자리만 차지하고 있으니 이 회사가 잘될 턱이 없지)

위의 상황에서 X는 평소 자신이 생각했던 리더의 모습과 다른 모습을 선택합니다. 이런 현상을 자기배반[17]이라고 합니다. 내가 나를 배반하게 되면, 자신을 배반한 상황을 정당화하기 위해 '자기합리화'라는 방어기제를 통해 자신의 상황을 합리화합니다. 쉽게 말해 '변명'을 하게 됩니다. 변명하는 이유는 자신의 행동에 대한 책임을 회피하고 다른 사람의 비판이나 비난을 피하고 싶기 때문입니다. 변명은 죄책감이나 수치심에서 일시적으로 벗어날 수 있게 해주는 대신 현실 감각을 왜곡시킵니다. 즉 다른 이의 결점을 부풀리고, 동시에 나의 장점도 부풀립니다. 이러한 과정이 반복되면 리더는 왜곡된 관점으로 상대를 보게 됩니다. 그리고 리더가 왜곡된 관점으로 타인을 바라보게 되면, 그와 대화하는 상대의 관점도 왜곡이 시작됩니다. 관점이 왜곡되면 상대는 존중해야 할 '존재'가 아닌, 나를 불편하게 만드는 '대상'으로 보이게 됩니다. 이러한 과정을 아빈저의 '상자 안에 있는 사람'[18]에서는 '자기배반 프로세스'라고 부릅니다.

리더가 항상 상자 밖에서 왜곡 없이 세상과 상대를 바라보는 것은 어려운 일입니다. 그렇기 때문에 상자 밖으로 나오거나 상자 밖에서 머물기 위한 '알아차림'이 필요합니다. 자신이 상자 안에 들

---

17 자기배반(Self-betrayal): 다른 이를 위해 내가 무엇인가를 해야만 한다는 생각과 느낌에 반(反)하는 행위를 하는 것을 말한다. 즉, 자기 내면의 목소리를 외면하는 것이다.
18 아빈저연구소, '상자밖에 있는 사람', 위즈덤아카데미, 2016.

어갔다는 것을 알아차릴 수 있는 신호는 3가지가 있습니다.

첫째, 내가 희생자처럼 느껴진다.
둘째, 내가 상황을 나쁘게만 본다.
셋째, 내가 누군가를 비난하고 있다.

만약, 위의 3가지 신호 중 하나 또는 두 개 이상이 해당된다면 자신이 상자 안에 들어가 있는 상태인 것입니다. 리더는 왜곡되지 않은 옳은 관점으로 세상과 상대를 바라봐야 합니다. 이를 위해서는 자신이 상자에 들어가 있다는 것을 인식하는 것이 첫걸음입니다. 내가 상자에 들어가 있다는 것을 인정하는 것, 그것이 바로 상자 밖으로 나오는 방법입니다.

골렘 효과(Golem Effect)[19]

팀 리더나 상사가 자신이 팀원들을 미성숙하거나 무능하다고 생각할 때, 이로 인해 팀원들이 더 나쁘게 행동하게 되는 현상을 의미합니다. 이러한 현상은 팀 내 의사소통의 부재, 비판적인 사고의 결여, 그리고 상사의 팀원에 대한 편견과 과도한 기대 때문에 발생할 수 있습니다. 예를 들어, 상사가 팀원 중 한 명을 미성숙하다고

---

19 골렘 효과(Golem Effect): 1970년대 후반에 Rosenthal과 Jacobson이 실시한 연구에서 파생되었다. 이들은 연구에서 교사들에게 무작위로 선발한 학생들에 대해 높은 예상치를 가지고 가르치도록 지시하였는데, 그 결과, 이러한 학생들은 다른 학생들보다 성취도가 높아졌다.

판단하고, 이로 인해 해당 팀원에게 더 많은 지시와 감시를 하게 되다면, 이 팀원은 자신이 부정적 평가를 받고 있다는 것을 느끼게 되고, 자신의 역량에 대한 자신감을 잃을 수 있습니다.

이로 인해 팀원은 더욱 책임감 없고, 무능한 행동을 하게 되며, 전체적인 팀의 성과를 낮추는 결과를 조래할 수 있습니다.

"네가 하는 일이 다 그렇지 뭐"

리더는 모든 팀원을 동등하게 대우하고, 각 팀원의 장단점을 파악하여 효율적으로 일을 분배하며, 상호 간에 비판적인 사고와 개선을 위한 의사소통을 유지하는 것이 중요합니다. 이를 통해 골렘 효과를 방지하고, 팀 성과를 극대화해야 합니다.

골렘이라는 명칭은 유대 신화 속의 랍비 로위가 만들었다는 골렘에서 유래되었습니다. 골렘은 본디 유대인들을 보호하기 위해 창조되었으나, 점차 흉포한 성향으로 변해가며 모든 것을 파괴하기에 이르렀습니다.

2009년 봄이었습니다. 이 시기 저는 매우 혼란스러웠습니다. 지금까지 나에게 주어진 일을 남보다 더 빨리, 더 뛰어나게 처리해 왔고, 그 결과는 상사들의 인정과 승진이라는 결실로 돌아왔습니다. 그런데 갑작스레 모든 상황이 급변하기 시작했습니다.

갑자기 큰 프로젝트를 맡아 수행하게 되면서 후배들을 이끌고 성과를 내야 하는 상황이 펼쳐진 겁니다. 처음에는 자신만만했습니다. 그러나 시간이 흐르면서 '이게 아닌데…' 하는 불안감이 들었습니다.

후배들은 대놓고 반항하지는 않지만, '당신이 뭔데 나한테 일을 시켜'라는 눈빛을 보냈고, 다른 부문에 협조를 요청하면 그들은 대놓고 "바빠서 못하니 너희가 알아서 해"라는 반응을 보였습니다. 믿었던 상사마저 "너 요즘 왜 그래?"라는 반응을 보이기 시작합니다. 급기야 상사로부터 "넌 리더십이 부족해!"라는 청천벽력과 같은 소리를 듣습니다.

심각하게 퇴사를 고민했습니다. 내가 무능력하다는 것을 사람들이 알아차리기 전에 도망가고 싶었습니다. 그러다 우연히 '피터의 법칙'을 알게 됩니다. 상황이 바뀌고, 역할과 책임이 변했음에도 과거의 방식으로 일하던 '나', 선배들에게 보고 배운 리더십이 더 이상 유효하지 않은 것도 모른 채 그대로 답습하고 있던 '나'. 바로 내가 '피터'라는 것을 깨달은 것입니다.

지금까지 보고 배운 것이 더 이상 의미가 없다면 새로운 리더십을 배우고, 익혀야 했습니다. 그렇게 저의 리더십 훈련이 시작됩니다. 이후 열심히 배우고, 배운 것을 실전에 적용했습니다.

지금 생각해도 그때 저는 참 운이 좋았습니다. 학습한 리더십 스킬을 적용해 봐야 했기에 리더십 연습 대상이 필요했고, 그때 저의 선택을 받은 친구는 저에게는 늘 아픈 손가락이었던 후배였습니다. 태도는 좋은데 능력이 동기들에 비해 부족한 편이었던 후배를 저는 늘 못마땅하게 생각했습니다. 업무를 명확히 지시해도, 그 친구가 가져온 결과는 늘 기대 이하였기 때문입니다. 지금도 그날의 대화가 생생히 기억납니다.

나 요즘 어때?

후배　(…) 요즘 서 연애압니나.

　그렇게 시작된 그 친구의 연애담은 10분 이상 계속되었습니다. 그래도 끊지 않고 경청을 했습니다. 리더십 교육에서 경청을 하라고 했으니까요. 그러나 듣는 내내 저는 많이 불편했습니다. 일하러 온 직장에서 상사한테 연애담이나 늘어놓는 눈치 없는 후배가 못마땅했습니다.

나　내가 교육가기 전에 지시한 일은 어떻게 됐어?
후배　아~ 아직…
나　지금 상황은 어떻지?
후배　영업팀에 요청해서 중장기 매출 계획을 받아야 하는데, 대외비라고 못 준다고 해서 아직 시작도 못 했습니다.

　말도 안 되는 변명을 하는 후배에게 화가 났지만, 티를 내지 않으며 배운 대로 다음 대화를 이어갔습니다.

나　그럼, 어떻게 하면 그 일을 처리할 수 있을까?

후배 선배님이 연락해서 받아주시면 안 될까요?

후배의 대답은 실망스러웠습니다. 구성원의 잠재력을 믿어주고 스스로 답을 찾을 수 있도록 질문을 하라고 했는데, '역시 이 친구는 가망이 없군'이라는 생각이 들었습니다. 그래도 대화를 마무리를 해야 했기에 계속 이어갔습니다.

나 내가 연락해서 받아줄게. 그럼 그 다음엔 뭐 해볼래?

후배 중장기 생산계획은 제가 생산관리팀에서 받을 수 있습니다. 동기가 있거든요.

나 그래? 그다음엔?

후배 영업팀과 생산관리팀에서 받은 자료를 가지고 기존에 작성된 'R&D 중장기 기술로드맵'에 보완이 필요한 부분을 분석해보겠습니다.

나 언제까지 내가 결과를 볼 수 있을까?

후배 오늘이 월요일이니까, 수요일까지 보고드리겠습니다.

나 그래, 그럼 수요일에 보고해

그렇게 내파가 끝났고, 저는 씁쓸한 당한 기분이 들었습니다. 분명 리더십 교육에서 강사가 시키는 대로 했는데도 후배는 여전히 의존적이었기 때문입니다.

그런데 수요일 아침, 그 후배가 보고서를 들고 제 자리로 왔습니다. 제가 부르지도 않았는데도 말입니다. 이 사건은 저의 리더십 전환에 큰 계기가 되었습니다. 늘 제가 제시한 기한에 업무를 보고한 적이 없던 후배가 본인이 스스로 약속한 기한을 지킨 것입니다. 그리고 그때 저는 리더십의 '마법'을 발견한 기분을 느꼈습니다. 그리고 그때부터 다양한 리더십 교육을 찾아다녔고, 사람들을 만나 리더십에 대한 고민을 나누며 리더십에 대한 해답을 찾는 여정을 시작하게 되었습니다. 그리고 이 과정에서 저는 깨달았습니다. '그때 그 후배가 리더의 가면을 쓰고 상사 짓거리를 하던 나를 받아 주었다는 사실'을 말입니다.

리더십에는 마법이 없습니다. 그리고 정답도 없습니다. 그러나 확실한 것은 가짜 리더는 사람들이 귀신같이 알아본다는 것입니다.

당신만의 리더십 여정을 시작하십시오. 당신이 진짜 리더가 되
길 응원합니다.

2023년 8월, 저자 김선영

• 해노스노노 비네니새, 『비밥의 모힝』, 새모윤 케인, 2004.

• 존 맥스웰, 『리더십 불면의 법칙』, 비즈니스북스, 2010.

• 스티븐 코비, 『성공하는 사람들의 7가지 습관』, 김영사, 2017.

• 라이언 홀리데이, 『에고(Ego)라는 적: 인생의 전환점에서 버려야 할 한 가지』', 흐름출판, 2017.

• 갤럽 프레스, 『위대한 나의 발견 강점 혁명』, 청림출판, 2021.

• 존 휘트모어, 『성과향상을 위한 코칭리더십』, 김영사, 2002.

• 이동우, 『원하는 것을 얻게 만드는 거리의 비밀, 디스턴스』, 엘도라도, 2014.

• 폴커 키츠, 『사람의 마음을 사로잡는 51가지 심리학』, 포레스트북스, 2022.

• 서수한, 『퀘스천』, 플랜비디자인, 2021.

• 김미애, 김선영 외, 『굿 피드백』, 플랜비디자인, 2022.

• 한국능률협회, 『TERA 코칭리더십』, 한국능률협회, 2021.

• 데이비드 마이스터, 로버터 갤포드, 찰스 그린, 『신뢰의 기술』, 해냄, 2009.

• 아빈저연구소, 『상자밖에 있는 사람』, 위즈덤아카데미, 2016.